建築施工の要点
現場運営管理

建築技術研究会 編

鹿島出版会

まえがき

　建設業は建設需要の低迷と社会の構造改革の波を受け，変革を余儀なくされている。このような状況下において，現場における建設技術者の業務は，プロジェクトの多様化，複雑化，生産技術の高度化に伴い，その範囲を拡大している。

　品質管理においても，発注者側の厳格な監理体制のもとに，生産者である請負業者が手抜きをしないように取り締まるという発想から，生産者の品質管理能力に信頼を置いた，自主管理へと移行してきている。

　この品質管理のあり方を見直す役割を果たしたのが，TQC活動である。良い品質の実現は品質管理のシステムに依存するという考え方により，品質は契約上の瑕疵担保責任とは全く別に，発注者に対して保証することである。つまり，買い手が安心して買える，または使用できるという，この考え方が現在のISOの活動につながってきたといえる。

　このような大きな変革のなかで，現場技術者がどのように現場を運営・管理していくかが大切なポイントとなる。

　本書は，これらを踏まえ，現場技術者が，品質（Q），コスト（C），工期（D），安全（S），環境（E）について，工事の流れに沿って行うべき事項を記したものである。

　第1章では一般共通事項として，現場における工事の流れ，工事運営業務および契約業務，**第2章**から**第4章**では，着工時・施工中・竣工時の三つに大別し，工事運営業務の実際について詳述してある。

　なお，現場運営管理については，建設会社ごとに独自のシステムや方法を有していることが多く，それらをすべて包含することは不可能であるため，実際の工事で本書を適用される場合には，是非それらを加味して活用されることをお勧めしたい。

2002年8月

　　　　　　　　　　　　　　　　　　　　　　　　　　　建築技術研究会

目 次

まえがき

第1章 一般共通事項

- 1.1 建築工事の流れ …………………………………………………… 1
- 1.2 現場組織と職務内容 ……………………………………………… 3
  - 1.2.1 工事事務所組織 ……………………………………………… 3
  - 1.2.2 工事運営業務 ………………………………………………… 6
- 1.3 契　　約 …………………………………………………………… 9
  - 1.3.1 契約の種類 …………………………………………………… 9
  - 1.3.2 工事請負契約 ………………………………………………… 14

第2章 着工時業務

- 2.1 運営方針の確認 …………………………………………………… 17
  - 2.1.1 着工前工事情報の伝達 ……………………………………… 17
- 2.2 着工準備 …………………………………………………………… 18
  - 2.2.1 式典の準備 …………………………………………………… 18
  - 2.2.2 工事事務所開設 ……………………………………………… 20
  - 2.2.3 保険の加入 …………………………………………………… 21

2.2.4 立地条件調査 …………………………………… 24
2.2.5 近隣対応 …………………………………………… 25
2.3 施工計画 ……………………………………………… 28
2.3.1 設計図書の検討 ………………………………… 28
2.3.2 総合仮設計画 …………………………………… 29
2.3.3 品質計画 ………………………………………… 30
2.3.4 予算計画 ………………………………………… 32
2.3.5 工程計画 ………………………………………… 37
2.3.6 安全計画 ………………………………………… 41
2.3.7 環境計画 ………………………………………… 45
2.3.8 施工計画の審査 ………………………………… 57
2.3.9 88条審査会 ……………………………………… 59

第3章 施工中業務

3.1 工種別施工計画 ……………………………………… 65
3.2 調達 …………………………………………………… 71
3.3 日常管理 ……………………………………………… 72
3.3.1 品質管理 ………………………………………… 72
3.3.2 損益管理 ………………………………………… 75
3.3.3 工期管理 ………………………………………… 78
3.3.4 安全管理 ………………………………………… 81
3.4 中間検査 ……………………………………………… 87

第4章 竣工時業務

4.1 竣工検査 ……………………………………………… 89
4.2 竣工 …………………………………………………… 90
4.2.1 引渡し …………………………………………… 90
4.2.2 竣工事務 ………………………………………… 91

4.3　アフターサービス ……………………………………………………94

付　録

付録・1　工種別施行計画書の例 ……………………………………… 98
付録・2　工事別歩掛り参考データ …………………………………… 106

第1章　一般共通事項

着工から竣工までの全体工程における現場運営管理業務の要点を理解していただくため，地下2階・地上8階・延べ床面積8,000 m²程度の建物をモデルとして，標準的な工程表に基づき説明します。

1.1　建築工事の流れ

施工管理とは，工事の目的である品質（Quality），経済性（Cost），工期（Delivery），安全性（Safety），環境（Environment）への配慮を達成するために，図1・1のような生産の5Mすなわち，施工方法，労働力，機械・資材・資金などの手段を選定し，活用する管理活動である。

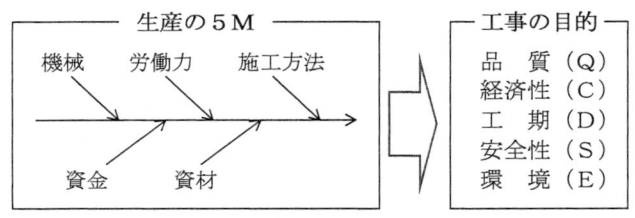

図1・1　工事の目的と生産の5M

したがって，一般的にはこの施工管理は，工事の目的に合わせて品質管理，工期管理，原価管理，安全管理，環境管理などに分けて実施するが，実際にはそれぞれが独立して達成できるものではなく，相互に関連してはじめて達成されるものである。

建設の施工に携わる建設会社（ゼネラルコンストラクター）の現場技術者は，これを十分認識のうえ，施工の各段階において管理すべき業務の内容を理解し，

管理ポイントを把握しておく必要がある。

図1・2に，管理業務の標準的な流れと実施すべき事項を示す。ただし，各企業において，管理部門と現場技術者との業務役割分担についての相違があり，また実際に現場作業を進める専門工事業者との業務および役割分担についても多少の相違があるため，作業の流れに沿っての役割分担を明確にしておくことが重要である。

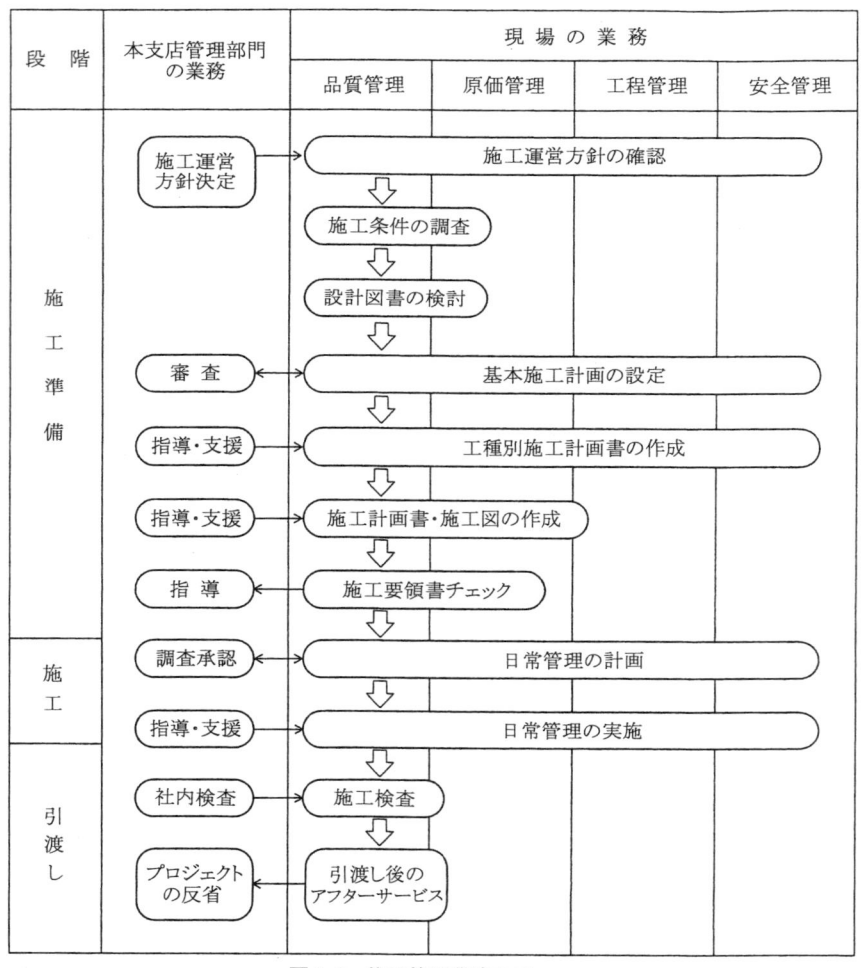

図1・2 施工管理業務のフロー

施工準備段階では，入手が確定した工事に関して各関係部門の担当者が，工事運営上必要な情報を工事担当者の責任者である現場所長に伝達する。

所長は，工事の与条件をもとに施工条件を調査し，設計図書の内容を検討のうえ，さらに合理的な生産が可能な生産計画の方針を立案する。これをまとめたのが基本施工計画である。また，この作業と並行して実行予算案をまとめ，施工準備委員会などを通じて審査を受け決定される。

施工段階では，基本施工計画を基に，各工事をどのように実施するかを工種別に施工計画を立案し，施工計画書にまとめる。これが工種別施工計画書であり，この計画書が専門工事業者（協力会社）への発注条件書になる。

専門工事業者には，この計画書を基に，実際の工事における作業範囲・方法・手順を示す施工要領書と作業標準を作成してもらい，現場担当者は内容をチェックし整合性を図る。

基本施工計画，施工要領書により，建築主や設計者と情報伝達・報告などを行い，工事の円滑な運営を図る。これが日常管理の原理である。

工事の出来上がりに対しては，中間検査・施工検査などを実施し，設計品質に合致しているかを確認してもらう。

引渡しおよびアフターサービス段階では，施工検査完了後に引渡しを行い，工事は完了する。引渡し後は，アフターサービス計画の立案と，竣工後の定期検査を実施する。

なお，工事の結果に対する評価と今後へのフィードバック事項について整理検討を行い，必ずまとめておく。

以上，工事の施工管理業務の一般的な流れについて記したが，これをまとめた工程表の一例を，**全体業務工程表**（折込み）に示す。

次に，各段階におけるポイントを品質管理に重点をおいて述べる。

1.2 現場組織と職務内容

1.2.1 工事事務所組織

（1） 工事事務所組織の構成

工事着手にあたっては工事事務所が組織され，工事事務所長以下，必要な職種の担当社員が配属される。配属される社員の人数は，設定された目標PH（パーヘッド）と工事の難易度等を考慮して決定される。工事事務所長は配属社員の能

力を十分に把握し，工事運営をスムーズに進めることができるよう業務を担当させる。

$$PH = \frac{工事金額}{配属人数 \times 工期（延べ月数）}$$

（2）　工事事務所の組織

　大規模工事事務所の組織と中小規模工事事務所の組織の一例を，図1・3と図1・4に示す。

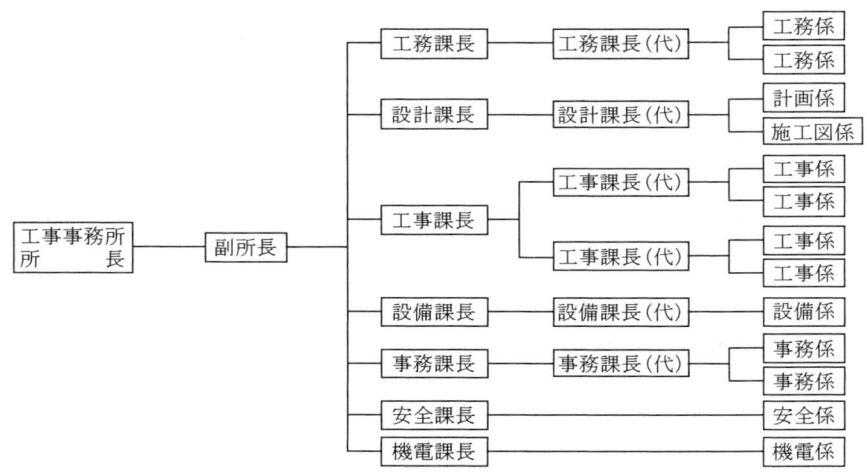

図1・3　大規模工事事務所の組織の例

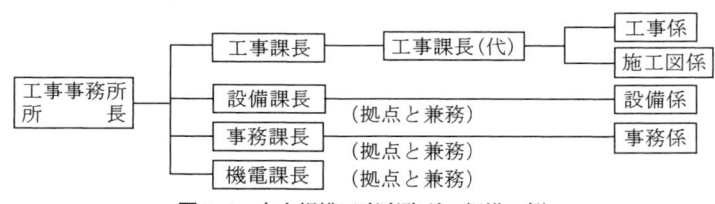

図1・4　中小規模工事事務所の組織の例

（3）　組織運営上の法的有資格者等の設置義務

　一般的に工事事務所長は，現場における代表者として現場代理人に，また施工技術上の管理者として監理技術者，主任技術者に任命される。また場合によっては，これらを兼ねることがある。

　（a）　工事請負契約約款（公共工事，民間工事）により設置が義務づけられて

いる資格
[現場代理人]
請負者の代理人。工事現場一切の事項を処理し，その責を負う（請負金額の変更，工期の変更，請負代金の請求・受領等の権限はない）。
（b）建設業法により設置が義務づけられている資格（**表 1・1** 参照）

表 1・1 監理技術者資格者証の携帯が必要な工事の範囲（元請工事に限られる）

建設業の許可の区分	下請契約の合計額	設置が必要な技術者	工事の公共性	技術者の専任性	工事の発注者	資格者証の携帯の必要性
特定建設業	3,000万円以上（建築工事業の場合は4,500万円以上）	監理技術者	公共性のある工作物に関する重要な工事	専任	国，地方公共団体等	○
			その他の工事	―	その他	
	3,000万円未満（建築工事業の場合は4,500万円未満）	主任技術者	公共性のある工作物に関する重要な工事	専任	問わない	―
			その他の工事	―		
一般建設業			公共性のある工作物に関する重要な工事	専任		
			その他の工事	―		

建設業者が工事現場における施工の技術上の管理をさせるために置かなければならない資格。

[監理技術者]
① 監理技術者の配置を要する工事の条件
 ・下請契約の金額が総計 4,500 万円以上（建設工事業以外の場合 3,000 万円以上）の場合
 ・公共性のある重要な工事を行う場合（専任）
 ・国や地方公共団体が発注者の場合（専任）
② 指定建設業監理技術者資格者証の登録・交付を受けるための条件（監理技術者資格を有する者）
 ・一級の技術検定試験等の合格者：一級建築士，一級建築施工管理技士，一級土木施工管理技士等免許取得者，および技術士法による第 2 次試験の合格者ならびに国土交通大臣特別認定者

・所定の条件を有する者で，2年以上の指導監督的実務経験を有する者
［主任技術者］
上記以外の条件の工事の場合で，所定の条件を満たす資格を有する者を設置する。
（c） 安全衛生法（以下，安衛法という）による資格
元請・協力会社が混在して事業を行う場合，災害防止管理組織の職務のなかで特に，統括安全衛生責任者，元方安全衛生管理者について述べる。
安衛法では，常時50人以上（協力会社は含まず）の労働者をもつ現場において統括安全衛生責任者および元方安全衛生管理者を配置する。
［統括安全衛生責任者］
・協議組織（災害防止協議会）の設置および運営
・関係協力会社およびその職員・作業員に対する安全衛生関係法令の遵守指導ならびに法令違反の是正勧告
・作業間の連絡調整
・作業場所の巡視
・関係協力会社や他の特定元方事業者等から選定された安全衛生責任者との連絡
・関係請負人が行う労働者の安全衛生教育の指導と援助
・工程に関する計画および機械設備等の配置に関する計画の作成
・その他災害を防止するための必要事項
［元方安全衛生管理者］
・統括安全衛生責任者が管理すべき事項の中で技術的事項を補佐する。

1.2.2 工事運営業務

工事運営業務は，時系列に「着工時業務，施工中業務，竣工時業務」の三つに大別され，それら三つの業務を円滑に進めることが現場担当者として重要である。

（1） 着工時業務

施工準備とは，工事出件時から工事着工時初期の業務をいい，下記のような業務がある。
① 施主・設計者・官庁・近隣等への挨拶，下打合せ等を行い，工事運営上の確認および準備を行う。

②　敷地周辺等施工条件を把握・確認し，必要に応じて調査を行う。
　③　諸官庁への届出を行う。また，施工中に必要な届出の種類，期日を把握しておく。
　④　仮囲い，工事事務所等の仮設設備を設置する。
　施工計画においては，工事のQ・C・D・S・Eについて予想される問題について以下の検討・計画を行い，基本方針を定める。
　（a）　設計図書の検討
　施工管理上の重要管理項目の抽出，将来予測される問題点の解決方法を立案する。
　（b）　主要工事の施工方針の立案
　施工法・施工順序の技術的検討とコスト比較を行い，最善の策を立案する。
　（c）　総合仮設計画
　法規に適合し，かつ必要機能を満足し，コストバランスのとれた計画を立案する。
　（d）　品質計画
　重点管理項目の設定，是正・予防の対策，検査計画等を立案する。
　（e）　実行予算
　元見積を見直し，原価低減策を組み込み，工事の努力目標を加味して予算を作成する。これを工事管理の指標とする。
　（f）　工程計画
　各工種について，作業量や現場の諸条件を考慮した作業可能日数に基づいて立案する。
　（g）　安全計画
　工法と工程を決める段階で検討された各工種の安全要素を基に，災害の予測と防止対策を具体的に立案する。
　（h）　環境計画
　主に，土壌，水質，騒音・振動，建設副産物，再生資源等についての管理目標計画を立案する。

（2）　施工中業務
　（a）　工種別施工計画
　各工種においての具体的な施工範囲，施工法，施工順序等の計画や品質面での管理目標値の設定等を明確にする。

品質・工程・安全・機械等の管理，および近隣対応，施主・設計対応を含む業務がある。

(b) 調　達

工事に伴う労務・資機材の調達を実行予算に基づき実施する。

(c) 品質管理

品質管理は，大別するとプロセス管理と検査・試験がある。品質をつくり上げるうえで最も重要な業務はプロセス管理である。ISOにおけるプロセス管理は「品質に直接影響する工種の作業を安定させる」ことを目的としており，対象となる重点管理項目の「品質特性」を管理することで手戻り等を未然に防止する。

検査・試験は，プロセス管理の結果に対する品質保証の第一歩である。

(d) 損益管理

工事の進捗に伴い，工種別の歩掛りを管理し，支払いにおける査定を行う。また，施主・設計に対して，場合によっては工事の増減による追加・変更の折衝を行う。

(e) 工期管理

工期管理は，工事の進捗状況を常に把握し，計画と実施の「ずれ」に対し適切な措置をとり，工期内に完成させることである。

(f) 安全管理

労働安全衛生法等関係法令および社内規定の周知や，法定有資格者の適正配置，仮設，機械，工法等，その工事の特性を配慮し，常に安全の先取りをすることにより，施工と安全の一体化を図る。

(g) 環境管理

環境計画の管理目標値に基づき実施する。

(h) 近隣対応

周辺の近隣住民との融和を図り，紛争を未然に防止することは，工事を運営するうえで不可欠な要件であり，業務である。

(3) 竣工時業務

竣工時業務には大きく三つある。

① 竣工検査

② 竣工引渡し業務

③ 竣工事務業務

1.3 契約

1.3.1 契約の種類

建設業は受注産業の一つであり，発注者からの依頼により工事目的物の完成を請け負う。

一般に，建設工事契約は請負契約と解されている。契約の性質をどうみるかによって，報酬の支払いや危険負担，瑕疵工事の責任の内容等にも影響を与えることがある。

（1） 発注・受注の形態

発注者が請負業者を選定する方法は，産業の発達と社会の変化に応じながら，長い試行錯誤の歴史を通じて，さまざまな方法が採用されてきたが，表1・2の方法が基本的なものとなっている。

表1・2 発注者による請負業者選定方法

官庁 民間	設計・施工分離発注	①一般競争入札（条件付一般競争入札）
		②指名競争入札
	設計・施工一括発注	③設計提案競争入札
	総合評価方式	④技術提案総合評価方式
		⑤設計提案総合評価方式
		⑥随意契約
		⑦特命発注
		⑧見積合せ

（a） 一般競争入札

公入札ともいわれ，一定の資格者であれば，だれでも入札に参加でき，機会均等，競争の度合いが強い。その反面，入札説明経費の増大，不誠実者の参加等の欠点があり，また，入札に至るまでに発注者側は十分な準備が必要である。

（b） 指名競争入札

一定の資格者の中から工事に見合った数社を選び入札に参加させるもので，一般競争入札に比べて不誠実，不信用の業者は排除され，また，手続き・経費の面では有利ではあるが，競争の意味が薄らぐ欠点がある。

（c） 設計提案競争入札

発注者の示す概略仕様や基本的な性能・設計等に基づき，実施設計・施工を一括して発注する方式。発注者が業者の設計案を審査し，指名を行う。

競争入札に参加する業者は，自らの提案に基づく価格で入札し，その中の最低の価格をもって応札した業者が落札する。
　（d）　技術提案総合評価方式
　1992年の中建審の答申により提案された新しい入札・契約方式の一つである。発注者が工事の特性に応じて技術提案を求め，技術提案と価格を総合的に評価して受注者を決定する方式である。この方式はVE提案を求めているのではないが，応募企業において，設計や施工段階のVEを駆使して独自の技術提案を作成することが可能である。
　（e）　設計提案総合評価方式
　選定業者から提出された設計提案と，価格を総合評価し，発注者にとって最も有利な提案を行った業者を契約者とする。
　（f）　随意契約
　発注者が信頼できる1社を選び，工事費をお互いに了解のうえ決めるもので，手続きが簡単で，時間の節約や契約の経費も少なくてすむが，互いの信頼関係が前提である。
　（g）　特命発注
　民間企業において，社会通念上の規範や信義に反しない限り，企業競争の自由，市場選択の自由を前提に，発注者と受注者の二者間で契約すること。
　公共事業では，特例を除いて採用されない。
　（h）　見積合せ
　発注者が2社以上を選び，見積を提出させ，その内容を比較検討して請負者を決めるもので，特命より競争性がある。

（2）　工事契約方式

　（a）　一式請負契約と分割請負契約
　一式請負契約とは，工事の全部を一括して請け負わせる契約であり，分割請負契約とは，工種により，工事を分割してそれぞれ専門の業者に請け負わせる契約である。
　（b）　単独請負契約と共同請負契約
　単独請負契約とは，請負人が単独で工事を請け負うことをいい，共同請負契約とは，2以上の請負人が共同連帯して工事を請け負うことをいう。これをジョイント・ベンチャー（J.V）ともいう。
　J.Vの法的性格は組合類似のものと解されている。J.Vはその施工方式によ

って共同施工と分担施工に分けられる。
　（ｃ）　定額請負契約と単価請負契約
　定額請負契約とは，工事費の総額を契約金額として定める契約であり，単価請負契約とは各職種別部分工事を，さらに細かい項目に分けた内訳明細と単価を明示させ，これに発注者の示す数量を乗じて契約金額を定める方式である。この場合，工事単価を基礎として請け負うものであり，数量は概算であるから，契約金額は可変である。
　（ｄ）　コストオンフィー方式契約
　一括発注とは別に発注者が直接下請業者と契約し，工事に関する指導と運営管理を施工者に委ね，その対価としてフィーを施工者に支払う方式。設備工事によくみられる契約方式である。
　（ｅ）　実費報酬加算式請負契約
　発注者（設計を含む）と施工者が打合せをしながら材料費，労務費を見積もり，工事を実施していくもので，施工者は出来高に応じて打合せにより決められた報酬を受けるように契約する。

（３）　その他の契約・発注方式
　（ａ）　VE 型契約
　VE 提案制度の形態は，建築業協会の「VE 提案制度と活動事例」によれば，表 1・3 に示す三つの形態がある。

表 1・3　VE 提案制度の三つの形態

	入札時の VE 提案	契約時の VE 提案	契約後の VE 提案
運用形態	① VE 提案付入札 （技術競争型）	② VE 提案付契約 （契約金額調整型）	③ VE 奨励条項付発注 （施工コスト削減型）
運用内容	原設計に対して入札者が改善案の検討を行いその内容を盛り込んだ金額で応札する。	原設計に対して入札を行い，入札金額で落札者を決めた後，入札時に提出された採用可能な改善案を盛り込んで，契約金額を決定する。受注者には節減額に応じた額が報奨として還元される。	契約時の設計図書を基に受注者が改善案を検討し，提案を行う。受注者には節減額に応じた額が報奨として還元される。

　（ｂ）　性能発注方式
　性能発注は，設計施工を前提とした発注方式で，発注者が建築物を発注する際

に，発注側の要求事項や制約条件だけを示して発注する。例えば共同住宅で，要求事項は戸数，1戸当りの平方メートル数，基本プラン，設備，居住性，安全性および耐久性等を示し，制約条件では，敷地状況，建設費，工期等を提示する。性能発注の求めるものや考え方は VE との共通点がある。

(4) 契約関係書類
(a) 契約図書
契約書と設計図書を合わせて契約図書というが，請負者側の現場を代表する現場代理人および現場担当者は必ずしも契約の過程でその内容を知る立場にないことが多い。

一般に契約締結にあたっての契約書類は，図 1・5 のとおりである。

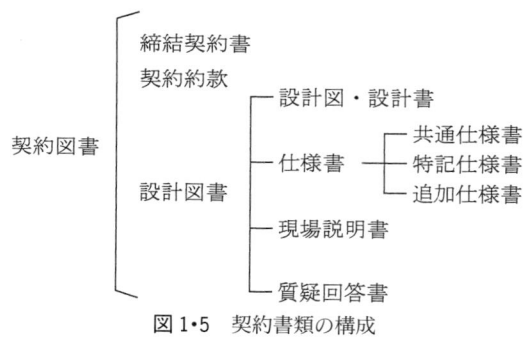

図 1・5 契約書類の構成

なお，そのほかに契約に必要な書類として，見積要綱（見積条件）があるほか，特別な取り決めをするために，覚書を締結したり，念書，誓約書を差し入れる等がある。

さらに，契約締結後，施工中に提出したり取り決めたりする書類としては，工事内訳書，工程表，工事指示書（および承諾書），変更契約書等がある。

(b) 注文書・請書
主体となる工事については約款を取り交わしていながら，これに付属して出件される小規模工事については，実務上煩雑さを省くため，簡単な契約条件を付した注文書・請書を取り交わすことがある。

(c) 仮契約書
契約締結にあたって，仮契約書と呼ばれるものを取り交わすことがある。一般に，仮契約書とは設計が最終的に決定していないとか，用地問題が一部未解決な

どの事情によって，正式な契約書を取り交わすにはまだ至っていない場合に取り交わすものをいう。

（5） 設計図書の分類と位置付け

設計図書の分類は図1・5のとおりであるが，ここで，現場説明書，質疑回答書，仕様書について述べる。

　（a）　現場説明書

現場説明[注1]を書面にし，設計図書の一部としたもの。

　（b）　質疑回答書

見積の段階で設計図書の内容に不一致点や疑問点が発見されたときに，工事の監理者または設計者に書面にて問い合わせ，回答を得た書類をいう。

　（c）　仕様書[注2]

工事に対する設計者の指示のうち，図面では表すことのできない点を文章・数値等で表現するもので，品質・成分・性能・精度，製造や施工の方法，部品や材料のメーカー，施工業者等を指定するものである。

① 共通仕様書：一般事項，仮設等の共通工事，資材の品質，施工法，検査・試験方法等のうち，各工事に共通的な事項および記載する頻度の多い物について標準的に示したものである。

② 特記仕様書：それぞれの工事のみ適用される特定事項を記載したもので，共通仕様書の修正補足事項が多く，共通仕様書と併用される場合が多い。併用の場合で共通仕様書と異なる部分については，この特記仕様書の方が共通仕様書より優先される。

注1)　**現場説明**：入札または見積参加者に対して，図面および仕様書に示された事項に関する現場の実際についての説明，ならびに交通・電力・用水・その他施工に関連した事項に関する現場の実際状況の説明。これに対する質問回答を含める場合もある。

注2)　**仕様書の確認**：仕様書および設計図に記載される内容は明確に区分できるものではなく重複して示される場合もある。このことが設計図と仕様書に食い違いを生み出す原因となっている。もし，両者に食い違いがあることが判明した場合，あるいは仕様書の内容に疑問が生じた場合は質問書を提出し回答を得る。

　　一般的に書類の優先順位は，質疑回答書→現場説明書→特記仕様書→設計図→共通仕様書の順である。

1.3.2 工事請負契約
（1） 工事請負契約

　工事請負契約とは，工事の発注者と施工する請負者との間で，常に工事を完成することを約束し，その工事の完成に対して報酬を与えることを約束する契約のことである。発注者および請負者は，契約条件について事前に協議し，合意に達すればその合意事項を相互に確認し，書面をもって工事請負契約を締結する。その際には，工事施工中に発生する可能性のあるいろいろな問題をいかに解決すべきかも事前に十分検討しておく必要がある。

（2） 工事請負契約書

　工事請負契約は法律上，口頭かつ諾成契約であるので契約書の作成を要せず，合意だけで契約が成立するが，後日の紛争を未然に防ぐためには当事者間においてあらかじめ契約書を作成する。

　（a）　工事請負契約書の重要記載事項

　建設工事の請負契約の当事者は，建設業法第19条により契約の締結にあたり，契約の内容となる重要事項を書面に記載して相互に取り交わすことが義務づけられている。その重要事項とは次のとおりである。

① 　工事内容
② 　請負代金の額
③ 　工事着手の時期および工事完成の時期
④ 　請負代金の全部もしくは一部の前金払い，または出来高部分に対する支払いの定めをするときは，その支払いの時期および方法
⑤ 　当事者の一方から設計変更，または工事着手の延期もしくは工事の全部もしくは一部の中止の申し出があった場合における工期の変更，請負代金の額の変更または損害の負担およびそれらの額の算定方法に関する定め[注]
⑥ 　天災その他の不可抗力による工期の変更，または損害の負担およびその額の算定方法に関する定め
⑦ 　価格等の変動もしくは変更に基づく請負代金の額，または工事内容の変更

注）　請負者側にとって注意すべき点は請負代金の変更に関する条項である。請負代金の変更を生ずる原因には，①設計変更，②工期変更，③工事の中止，④物価労賃の変更，⑤天災不可抗力による損害，⑥第三者障害などがある。請負契約が，定額請負であるため上記の原因で請負代金を変更する必要が生ずる場合，請負代金が変更できる条項の有無を確認しておくことが必要である。

⑧　工事の施工により第三者が損害を受けた場合における賠償金の負担に関する定め
⑨　注文者が工事に使用する資材を提供し，または建設機械その他の機械を貸与するときは，その内容および方法に関する定め
⑩　注文者が工事の全部または一部の完成を確認するための検査の時期および方法，ならびに引渡しの時期
⑪　工事完成後における請負代金の支払いの時期および方法
⑫　各当事者の履行の遅滞その他債務の不履行における遅延利息，違約金その他の損害金
⑬　契約に関する紛争の解決方法

（3）　工事請負契約約款

一般的に使用される工事請負契約約款には，以下のものがある。
①　公共工事標準請負契約約款（官庁関係建設工事）
②　民間（旧四会）連合協定工事請負契約約款（民間関係建設工事）

第2章 着工時業務

着工時における現場運営管理業務の要点を理解していただくため，地下2階・地上8階・延べ床面積8,000 m²程度の建物をモデルとして，標準的な**着工時業務工程表**（折込み）に基づき説明します。

2.1 運営方針の確認

2.1.1 着工前工事情報の伝達
（1） 着工前工事情報の伝達
　工事事務所長が工事を運営するにあたって，必要な運営方針および営業・設計・見積段階の重要事項を把握するために，各部署や各関係者から工事情報等を得て，工事運営にあたる。
（2） 着工時引継ぎ書類
　工事着工時の引継ぎ書類としては，以下のようなものがある。
　（a） 契約関係書類
　契約書など契約図書一式（内容については，1.3節「契約」を参照する）
　（b） 官公庁許認可書類
　建築確認申請書（設計事務所・設計部からの引継ぎ）など
　（c） 社内関係書類
　① 施工運営方針
　② 見積または調達部署関連書類（徴収見積書，積算表，元見積書，元見積審査記録表，見積総覧，見積結果報告）

2.2 着工準備

2.2.1 式典の準備

建設業においては，工事の節目節目でいろいろな式典（儀式）が執り行われる。通常行われる式典は，本来発注者主催ではあるが，請負者が協力して行われる場合がほとんどである。

（1） 式典の段取り

落成式，竣工披露に関しては発注者が，その発注者関係者，関係官公庁，近隣および工事関係者を招待して行う対外的な行事であり，段取りは一切発注者において行われるのが通例である。

式典の方式は発注者の考えにより違ってくるが，建設業関係式典の祭事は神式

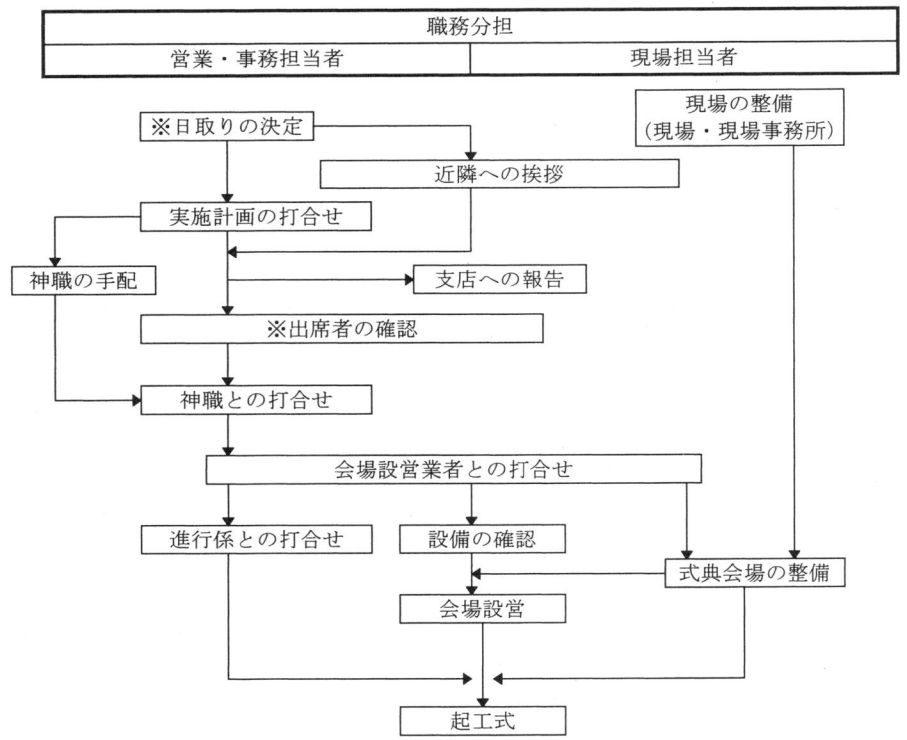

図2・1 起工式における請負者側の式典準備作業フローの例

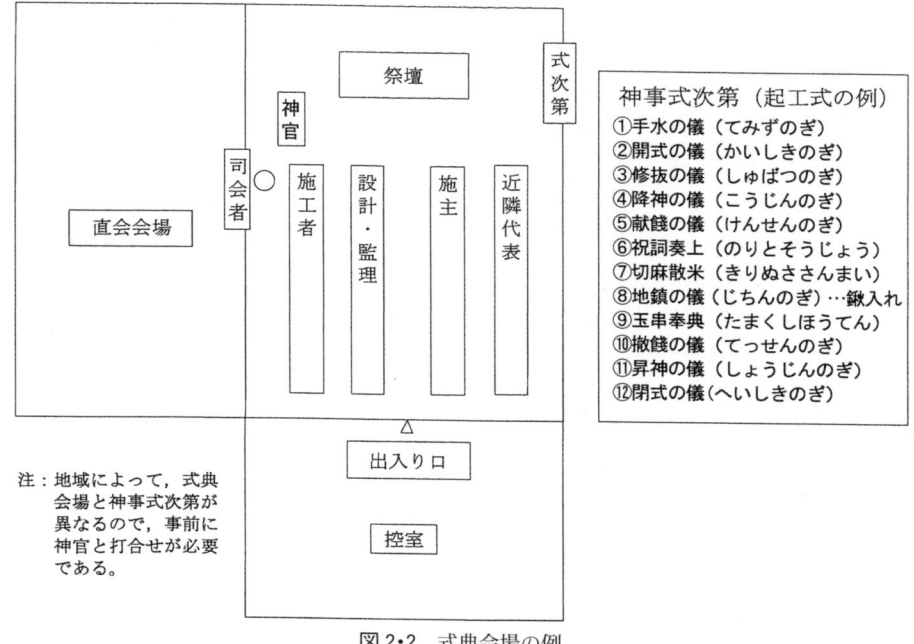

図2・2 式典会場の例

が多い。

図2・1に請負者側の式典準備作業のフロー,図2・2に式典会場および式次第例を示す。

(2) 式典の種類
- 起工式,地鎮祭,安全祈願祭
- 立柱式,上棟式
- 定礎式
- 竣工式,完工式

(3) 工事担当者の実務

式典における担当者の実務としては,式典会場の設営(式典業者の選定・式典場所の整地),式典における連絡係・誘導係・受付係・駐車場係等の分担業務,式典後の式場の片付けなどがある。

2.2.2 工事事務所開設
(1) 事務所開設前の検討事項
(a) 総合検討
- 施工計画上現場敷地内に事務所の設置が可能か
- 現場近隣に事務所の確保が可能か
- 近隣対応
- 企業イメージの向上

(b) 工程上の検討
- 工事期間中での事務所の移動，解体の有無
- 施工中建物内の使用の有無
- 工事事務所の使用期間
- 外構工事との取合い

(c) 設備上の検討
- 事務所の人員配置
- 消防署との協議，防災設備，防火管理者の任命
- 排水設備系統の確認：排水規制の有無，浄化槽設備の必要性
- 仮設電気の引込みの有無，高圧・低圧受電等の確認
- 駐車場の有無（来客用，作業員用）
- 作業員詰所の設置

(2) 工事事務所設置場所の形態
- 現場敷地内に仮設の工事事務所を設置する
- 現場近隣の借地に仮設の工事事務所を設置する
- 現場近隣の賃貸オフィスを工事事務所とする

(3) 工事事務所への要求項目
- 快適職場推進計画認定を目標とした環境づくり
- 施主・設計用執務スペースの確保の有無
- 要求される執務室の種類（事務室，打合せ室，施工図室，製図室，便所，洗面所，所長室等）
- 執務スペースの広さ
- 事務所環境のグレードアップ（OA化対応，休憩室，浴室，社員食堂，女性用トイレ等）
- 協力会社用施設の内容（主職職長用執務室，シャワー室，ランドリー室，

売店等）
  - 空調設備の有無
  - 備品・家具の仕様
  - 事務所の仕様・構造（内装の仕様等）

（4） **工事事務所の手配**
  - 仮設事務所設置の場合：プレファブリース業者の決定
  - 賃貸オフィスの場合：不動産業者の手配
  - 電気，ガス，水道，電話の手続き，郵便局への事務所設置の連絡
  - 警備（機械警備含む）の要否

（5） **事務所設置参考データ**
  （a） 仮設事務所
    執務必要面積：$8\sim12\,\mathrm{m^2}/$人
  （b） 作業員詰所
    $$必要面積=\frac{（1日に作業員詰所を利用する最大作業員数）人}{3\sim5人}\times3.3\,\mathrm{m^2}$$
  （c） 下小屋
    必要面積＝平均出面(人)×2〜4　(m²/人)
  （d） 倉　庫
    必要面積＝0.005〜0.015×延べ床面積　(m²)
  （e） 便　所
    男子大便所数：同時に就業する男子作業員60人以内ごとに1個以上
    男子小便所数：同時に就業する男子作業員30人以内ごとに1個以上
  （f） 洗面所
    必要台数：作業員45人に1台程度

2.2.3　保険の加入

（1） **保険の概要**

  （a） 保険の種類
  工事にあたり必ず入っておく保険には以下の保険がある。
  ［工事本体のための保険］
  ① 建設工事保険
    事務所ビル，マンション，ホテル，等の建築工事（増築工事を含む）を対

象とした保険であり，改築，改装，修繕，その他これらに準ずる工事も対象になる。ただし，解体，撤去，分解，または取り片付け工事は除外される。

この保険のカバーする範囲は以下のとおりである。
- 本工事およびこれに付随する仮工事に対する損害
- 工事用材料および工事用仮設材
- 現場事務所，宿舎，倉庫，その他の仮設建物およびこれらに収容される什器，備品

ただし，工事用据付け機械・設備，工事用機械器具や自動車等の運搬輸送媒体，設計図書・有価証券等の書類などは対象外。

[労働者のための保険]

① 労働者災害補償保険（労災保険）

労働者災害補償保険は，労働者が業務中に業務が原因で負傷したり病気になったり死亡した場合（業務災害の場合），または通勤途上で負傷したり病気になったり死亡した場合（通勤災害の場合）に，その労働者や遺族に保険給付を行うもので，労働者災害補償保険法に基づいて運営されている。現在，原則としてすべての強制適用事業（建設業等）は，国で運営されているこの保険に強制加入することになっている。

② 労働災害総合保険（上乗せ労災）

近年ますます高額化する労働災害の損害賠償要求に対処するために，業界団体等は，任意で労働者災害補償保険に上乗せする，いわゆる法定外補償制度を設け，多くの建設業者が加入している。

③ 第三者のための保険（請負業者賠償責任保険）

建設業者が施工中に通行人を死傷させたり，隣接する建物に損害を与えたりした場合の損害賠償金の支払いを補償する保険である。

（2）　工事着工時の保険の書類

工事着工時の保険に関する社外提出書類には以下のものがある。

① 労働保険・保険関係成立届（単独有期事業）
② 労働保険概算保険料申告書・納付書
③ 労働保険代理人選任・解任届

（3）　書類の概要

労働保険についての各書類を，**表 2・1〜表 2・3** に示す

表2・1 労働保険・保険関係成立届(単独有期事業)

提 出 先	所轄労働基準監督署長
提 出 期 限	工事を開始した翌日から10日以内
関 係 法 規	労働保険の保険料の徴収等に関する法律 第3条 労働保険の保険料の徴収等に関する法律施行規則 第68条
書 式	様式第21号 乙
添 付 書 類	特になし

表2・2 労働保険概算保険料申告書・納付書

提 出 先	銀行
提 出 期 限	保険関係成立の日から20日以内
関 係 法 規	労働保険の保険料の徴収等に関する法律 第86条 労働保険の保険料の徴収等に関する法律施行規則 第24条,第27条,第28条,第38条
書 式	様式第6号 乙
添 付 書 類	なし

表2・3 労働保険代理人選任・解任届

提 出 先	所轄労働基準監督署長
提 出 期 限	代理人を選任したときに遅滞なく
関 係 法 規	労働保険の保険料の徴収等に関する法律施行規則 第71条
書 式	様式第23号
添 付 書 類	なし

(4) 労働福祉

(a) 建設業退職金共済制度

　この制度は,建設現場で働く人たちのために,中小企業退職金共済法という法律により設けられた制度で,事業主が建設現場で働く労働者について,共済手帳に働いた日数に応じて共済証紙(掛け金)を貼り,その労働者が建設業界を辞めたときに退職金を支払う制度である。

2.2.4 立地条件調査
(1) 立地条件の調査
　工事計画段階において「環境アセスメント」などの調査が行われ，報告書が作成されている場合は，その内容について十分理解し，検討しておく。
(a) 敷地状況および交通状況
　敷地周辺の環境，周辺の建物，周辺道路の交通状況，道路規制の有無，作業時間規制などを調査し敷地周辺状況図として表す。
　特に，現場揚水に伴う周辺井戸への影響のある場合には，井戸の使用状況図および敷地周辺高低測量図（地下工事に伴う周辺地盤沈下の考えられる場合）などを作成する。
(b) 地盤調査と基礎関係
　ボーリング，土質調査結果から当該敷地の地盤概要について明らかにし，かつ柱状図として当該建物の基礎関係（杭伏図，基礎伏図）や隣接建物の基礎形状も併記した図面とする。
(c) 敷地周辺地下埋設物および架空線などの調査
　敷地周辺状況図とともに，敷地周囲の道路および隣接建物外構に埋設されている上下水道，ガス管などの仕様と位置および重要度について図面化する。
　① 埋設管の調査
　　・上下水道，高圧ケーブル，ガス管などの埋設管の種類，重要性，位置
　　・上下水道，ガス管については管径および弁の位置とその影響範囲
　　・上水道管では漏水の場合の現場内への影響，応急処置の方法[注]
　　・下水管については，損傷箇所の有無，流れ具合，大雨時または満潮時の流れ状態，流量および漏水に対する危険性
　などについて調査する。
　② 障害物の調査
　シートパイル打ち，各種杭打ち時に，既存建物の基礎，杭，石垣が障害となるので早期に調査し対策を講じる。
　③ その他
　電線，電波障害，マイクロウェーブの回路，および街路樹，公衆電話なども調査するとともに，電線等の保護依頼を行う。ただし，電波障害等は施主側で対応

注) 緊急時の対応を明確にし，連絡先，担当者を確認しておく。

することもあり，実施前に責任の分岐点を確認するとともに施主とよく打合せをして実施する。

　（d）　隣家対策

　隣家に対する養生補強工事などが必要な場合は，対象物の基礎および地業工法，老朽度，用途，養生対策を明記し，図面として表す。必要な場合には着工前に専門業者による家屋調査等を行う。

（2）　立地条件調査図

　図2・3に立地条件調査図の一例を示す。

2.2.5　近隣対応

　近隣対応は，工事を円滑に行うには非常に大切であり，最初が肝要である。また，近隣問題は一般的に建設公害を発端とするものが多く，請負者がその前面に立って近隣者との折衝にあたるケースが多くみられる。建設公害についての責任の範囲が契約約款上明確に示されており，その内容を十分理解する必要がある。

（1）　着工前

① 現場責任者は，工事着工前に必ず施主の代表と同行して近隣に挨拶回りをする。
② 工事説明書を作成し，近隣へ挨拶し，必要な場合は近隣説明会を開催する。
③ 工事着手前に近隣自治会等と工事協定書を締結し，約束した事項は必ず守る。
④ 工事現場の近隣で商売をしているところがあれば，工事期間中極力現場で利用するようにする。
⑤ 工事施工前に近隣家屋，路地，その他被害を受ける可能性のある部分を調査する。また，近隣建物が老朽化している場合は，調査・記録写真のほかに相手方の承認を得て事前に補強工事を行うこともある（また，調査範囲は施主と事前に打合せを行い決定する）。
⑥ 敷地境界のポイント移設をする必要がある場合の立会い。

（2）　近隣問題に対する一般的心掛け

① 現場責任者は，工事中近隣にはできる限り顔を出し，コミュニケーションを図り，無用の摩擦を起こさないようにする。
② 工事の説明会を開くか，月間工程，週間工程等を配布し，事前に施工につ

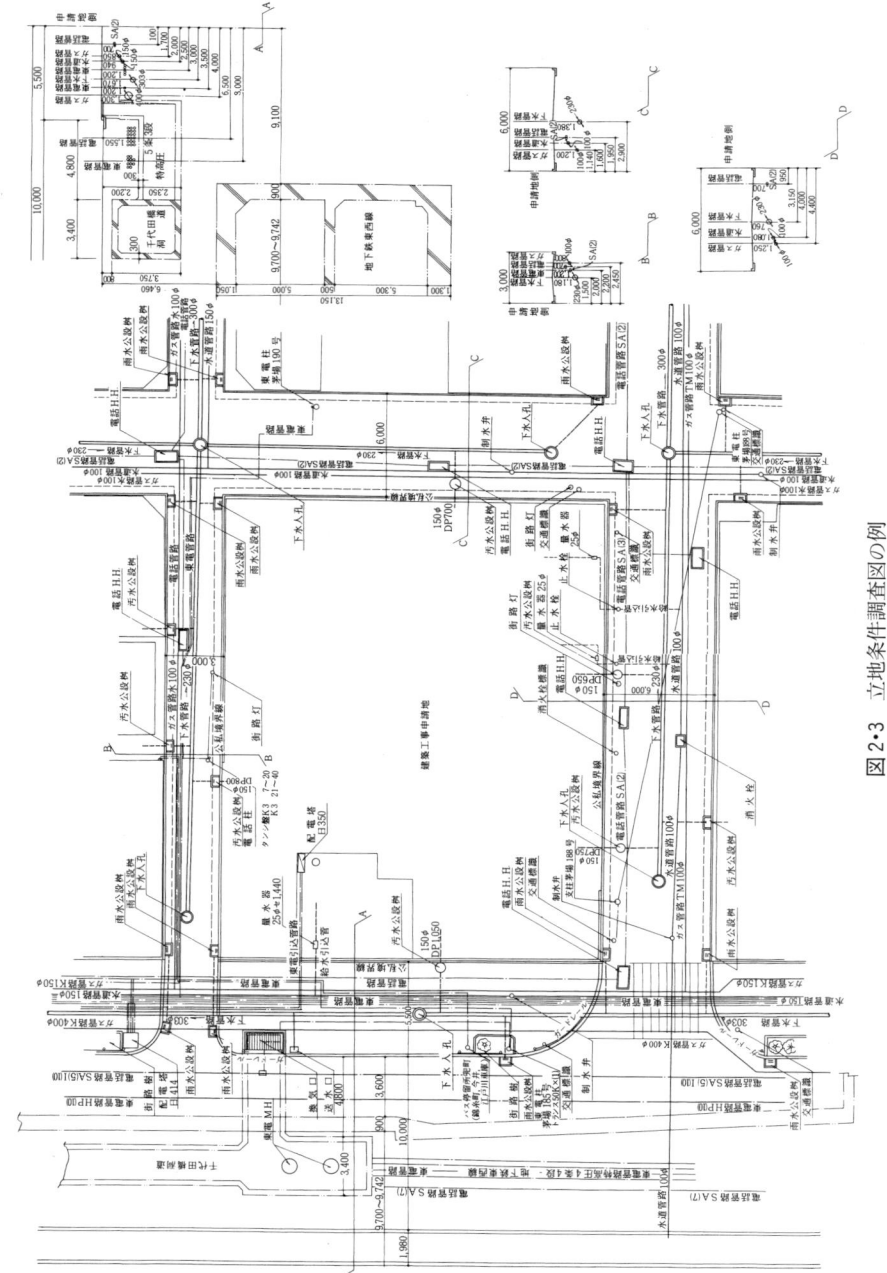

図 2・3 立地条件調査図の例

いての説明をしておく。
③　施工により近隣に迷惑損傷を与えた場合は，直ちに陳謝し，責任をもって原状に修復することを確約し，修復の時期その他を打ち合わせ，相手方に安心感をもたせるようにする。
④　現場事務所に近隣問題の日誌を備え，問題の経緯を記録しておく。
⑤　施主に対しては，着工時・施工中，常に近隣の状況を詳細に報告し，この問題に対して強い認識を植えつけ，費用の負担を要請する。
⑥　工事が竣工して現場を引き揚げる際は，必ず近隣に挨拶する。

（3）近隣説明会

　現場を着手するにあたっては，事前に近隣関係者に対して工事概要等を説明し，工事期間中の協力を依頼するために，近隣説明会を工事着手前に開催する。

　ただし，施主主催の説明会とする場合もあり，説明会計画前に施主担当者と打ち合わせする近隣説明会の開催は，不在者宅，テナント，賃借人に対しても周知する（郵便受への投函等）。

　なお，近隣説明会で了解を得た事項については文書等で記録を残す。

　以下に近隣説明会の実施要領（例）を示す。

①　開催時期：現場事務所設置前
②　出席者・工事関係者：施主担当，設計担当者，現場担当者（近隣関係者，地区代表者および他の出席者は協議のうえ決定する）
③　報告内容
（a）　一般説明
①　施主の挨拶
②　工事期間中の担当者紹介（施主，営業，現場の各担当者）
③　問題発生時の対応策（問題が発生したときの連絡先等を説明しておく）
（b）　計画建物の概要説明（施主側）
①　建築物の敷地の形態および規模，敷地内における建築物の位置ならびに付近の建築物の位置の概要
②　建築物の規模，構造および用途
③　建築に伴って生ずる周辺の生活環境に及ぼす著しい影響と対策
　・風の変化（建設前後の変化の状況），通風障害，風害
　・完成後に増加する自動車交通量や大気汚染状況
　・建物に勤務する人数や来訪者による人の通行量の変化

- 日影の影響
- テレビ電波障害
- プライバシー侵害等

（c） 施工計画の概要説明（施工者側）
① 工期，工法および作業方法等
- 工期
- 振動・騒音防止対策，粉塵防止対策
- 作業時間：通常の作業時間およびコンクリート打設時の作業時間および現場全休日についての説明

② 工事による危害の防止策
- 現場周囲の安全対策
- 現場搬入車両に対する交通対策
- 現場周辺環境に対する対応策
- 工事に伴う近隣家屋への対応策

2.3 施工計画

2.3.1 設計図書の検討

（1） 設計図書の理解

設計図書の理解は，工事を進めていくすべての基本となる。施主の要求，設計上のポイント，施工の難易の把握（特殊工法・特殊材料の有無），予算の見通し等は設計図書を十分理解するところから始まるといえる。

検討すべき項目としては次のようなものがある。
① 仕様書の確認（特殊仕様等）
② 建築図，構造図，設備図相互間の調整
③ 設計図書における機能性・施工性の検討
④ 施工後のクレーム発生が予想される事項の抽出

（2） 図面のチェックポイント

設計図書には，これから建設する建築物についての設計者のイメージが示されている。したがって，施工者としては，それらの設計図書から設計意図を確認し，不明な点や不足の情報を設計者に提起し，早期に解明を図る必要がある。

2.3.2 総合仮設計画
(1) 総合仮設計画とは
　総合仮設計画とは施工者の責任において当該建物の生産手段を決定するものであり，現場の業務の中でもQ・C・D・S・Eのすべてを左右する最も重要な業務の一つである。十分な情報の収集，検討のうえに立った現場の創意工夫，生産の効率化を図ることが重要である。

(2) 総合仮設計画立案の要点
　（a）　プロジェクト特性の把握

　入手経緯，施主の要望事項，建物の特徴，近隣との関係，工期，工事金額（単価），特殊工法採用の有無，各種施工条件（契約条件，立地条件，法的条件）などからプロジェクト実行上における特性を把握する。

　（b）　特性に対する施工方針の設定

　把握した特性に対して，施工上特に考慮すべき事項を抽出し，施工方針を立案する。例えば，短工期での完成を実現させる，施主の要求する高品質の建物をつくる，特殊な構造に対して無事故で施工することを最優先する，近隣からのクレーム防止のため振動・騒音に留意する，などである。

　（c）　重点計画項目，採用工法の決定

　施工方針実現のため，どの工種，あるいは建物のどの部分を重点的に計画すべきか，また，在来工法によらず，抜本的に工法を変更するなど，工事のポイントとなる計画項目を絞り込む。

　（d）　重点計画項目の具体化

　絞り込んだ計画項目について，実現の可能性を煮詰め，計画を具体化する。

　（e）　基本施工計画書の作成

　重点計画項目の検討結果とその他の施工計画を工事全体の工程計画，工種間の関連等調整のうえ，基本施工計画書として取りまとめる。

　（f）　総合仮設計画の立案

　基本施工計画を基に工事全体の動線，足場，揚重，使用機械，仮設設備等を総合仮設計画にまとめる。

(3) 総合仮設計画の項目
　一般的には次の項目を参考に計画する。
- 工事目的物の位置と敷地の関係（配置と高低）
- 仮囲い，ゲートの位置および構造

- 材料運搬経路と主な作業動線
- 仮設物などの配置（工事事務所，作業員休憩所，便所，危険物貯蔵所，材料置場，下小屋など）
- 排水経路，仮設用電力ならびに水道の引込み位置および供給能力
- 仮設用電力の算定，電力使用計画（工事機械別使用ワット数，月別工程表），変電設備，工事用動力の引込み経路，幹線，仮設照明設備など
- 仮設給排水（使用水量の算定，用水引込み経路，工事用給排水管，揚水・送水管など）
- 足場および桟橋の位置および構造
- 揚重機の種類および位置
- 作業員の墜落防止および感電防止，ならびに落下物の危険防止の施設
- 近隣に対する安全処置
- 作業構台

など。

2.3.3 品質計画

（1） 品質計画の立案

　顧客の品質に関するニーズ，法規制等の社会的要求事項および自社の品質方針等の品質要求事項を満たすための活動は，各プロジェクトに共通の基盤となる活動と個々のプロジェクトごとに計画検討する活動に分けられる。基盤となる活動には，品質マニュアルや各種要領類の制定，技術標準の作成，技術の研究開発および教育・訓練等が含まれる。また，個々のプロジェクトごとの計画検討の活動としては具体的な顧客ニーズを踏まえたプロジェクト固有の品質方針の設定に加えて，設計方法や施工方法，調達，検査および工期等の検討が含まれる。これらの活動を総称して品質計画と定める。

（2） 品質計画書

　施工における品質計画書は次のものをいう。
- 基本施工計画書
- 工種別施工計画書
- 施工要領書

上記の計画書は次の事項に配慮して作成する。

① 　要求品質を達成するために必要と考えられる管理手段，施工運営体制，工

期，安全性，および環境保全を考慮した基本的施工法（工法，使用機械，検査，および試験装置），備品および社内外の経営資源を明確にし，定める。

② 施工工程，総合仮設計画，検査・試験，引渡し，および付帯サービスの各業務の手順について，設計図書および他のすべての要求事項との整合を図り，定める。

③ 品質管理，検査・試験の技法は必要により更新するとともに，新しい測定方法の開発や現在の水準を超えた能力を必要とする測定に関する要求事項を明確にする。

④ 各ステップにおける主観的要素を含めた合否判定基準を定める。

⑤ 施工段階における品質記録およびその保管方法等を明確にする。

(3) 重点管理目標

工事の基本計画を立案する際に，その建物の品質施工方針を達成するのに必要な管理項目を重点管理項目とし，規格要求事項を考慮して設定し，品質管理における責任者，担当者あるいは基準を明確にする。

例えば，
- 躯体強度の確保（コンクリート，鉄筋，鉄骨）
- 躯体性能の確保（止水性能等）
- 防水性能の確保
- タイルの剥離防止
- 隠蔽部配管の漏水防止
- 型枠支保工の安全性

など。

(4) 品質保証

（a） ISO 9000 s

ISO 9000 s は，品質システムの国際規格であり，製品を生み出すプロセスについての規格である。

これまでの品質管理と異なる点は，物の規格ではなく，品質についての業務体制と管理方法に重点をおいたもので，その基本は業務のルールを定め文書化し，そのルールに従って業務を実行し，その証拠として記録を残すことにある。

（b） TQC と ISO 9000 s の相違（**表 2・4** 参照）

TQC は，顧客の要求する品質を満たすために自主的に保証する活動である。

ISO は要求品質を満たすために必要な計画的，体系的活動をいい，顧客の立

表2・4　TQCとISO 9000 sの相違

項　　　目	TQC	ISO
主　導　性	業者の自主性	顧客の要請
水　　　準	品質改善の促進	システムの維持
実　　　行	自主性尊重	文書による契約
品　　　質	工程での作り込み重視	プロセス重視
目　　　的	顧客満足の確保 自社体質の改善	顧客要求への合致
管理の仕組み	ボトムアップ	トップダウン

場からの品質管理で，水準を維持するシステムである。

2.3.4　予算計画
(1)　契約金額の算出
（a）　見積業務
① 見積の目的

設計図書である図面，仕様書に基づき建築物の数量を求めていくことを見積といい，また求めた数量に材料費，労務費，機械器具費，運搬費，下請経費などを合わせて複合費として乗じて，建築物の価格を算出することまでをいうこともある。

発注者が新しく建築物を建設する工事のために必要な予定価格の算出と，請負者が工事を落札するための価格見積がある。

② 見積の業務

見積の業務は，図面の受領より積算書（元見積書）のまとめ→提出見積書の作成→見積折衝→契約用内訳書の作成までをいう。

　ⓐ　見積業務に必要な図書
　　図面・仕様書・現場説明書・質問回答書からなる設計図書
　　各種の積算標準・単価表・価格参考書等
　ⓑ　数量積算の基準
　　数量積算の基準となるものは，官民合同の「積算研究会」で制定された「建築数量積算基準」であり，公的機関をはじめ「発注者」・「設計者」・「請負者」等の間で広く利用されている。
　ⓒ　直接工事費の算定

目的物をつくるために直接必要とされる費用であり，各工事種目ごとに分けて計上する。工事種目は，設計図，仕様書に従って，建築，電気設備，機械設備，屋外の施設などに区分する。数量積算により拾い出された数量に，単価表・専門業者の見積書等により，各単位当りの複合単価をかけて各工事別のコストを算出し，積み上げる。

　　ⓓ　元見積書

　　　数量積算書に値入を行い直接工事費を算定し，さらに共通費・経費を算定し積み上げることにより「元見積書」ができる。

③　契約金額の決定

工事費の集計から契約金額に至るまでのフローを**図2・4**に示す。

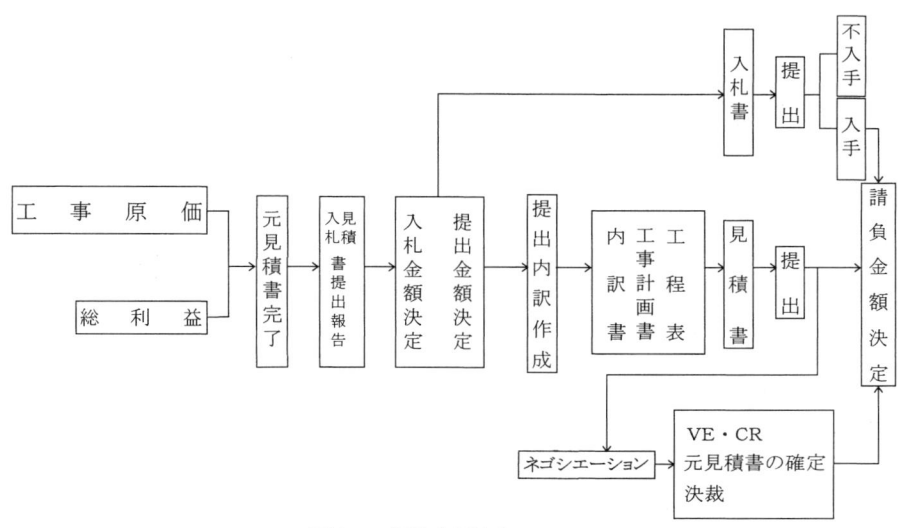

図2・4　契約金額決定のフロー

（b）　見積総覧

「元見積から決算までを見込んだ最低のコストで受注できる指標」となるべきもの。

積もり上がった工事原価と割掛，純利益，提出金額との関係がわかる。

（2）　実行予算

　元見積が工事契約前に「予想原価」として工事入手の可否を決定する役割を担うのに対し，実行予算は契約条件下で利益を生み出すための「予定原価」として

現場損益管理の基準となるものである。

実行予算は工事着工から竣工・決算までの間で工事全体の計画をコスト的に裏付け，工事完成時の目標損益達成を担保する「事前原価計算書」である。したがって，工事担当者は工事契約後に契約条件等の詳査，施工方法などの再検討，歩掛り・資源単価の見直しを行い，工事の執行・管理が容易に行えるように元見積を基に再編成しなければならない。

(3) 実行予算の果たすべき機能

工事における実行予算は，損益管理の基幹となるもので，以下に列記するような機能をもつ。

① 現場の損益管理の指針となるもので，常に予算と発注実績とを対比しながら損益状況を早期に把握できる。

② 調達の科目と連動して，協力会社に対する発注金額と予算の対比が容易にできる。

③ 作成に時間を要さず，工事着手時期に速やかに予算配分ができ，工事費・経費・予想される利益等が把握できる。

④ 元見積以後の設計変更等を取り込み，予算として反映する。

(4) 実行予算の構成

(a) 実行予算構成項目

実行予算は，図 2・5 に示すような内容で構成されている。

(b) 仮設工事費と現場経費

表 2・5，表 2・6 に，仮設工事費と現場経費についての内訳項目を示す。

内部経費に関しては以下のとおりである。

① 管理費賦課額（割掛費）

割掛費は本支店管理部門を運営していくために必要な経費である。

② 内部金利賦課額（金利）

金利は社外の金融機関との間に発生するものを指すのではなく，本支店と現場間の見掛け上発生する金利をいう。

③ 内部不動産賃借料

社有不動産を工事で使用する場合，工事が負担する賃借料のこと。

社有以外の不動産賃借料は，現場経費に含める。

④ 内部保証料

保証会社に対する支払保証料および借入保証料のこと。

図 2・5　実行予算の構成

```
請負金額 ─┬─ 工事原価 ─┬─ 工事費 ─┬─ 仮設工事費 ─┬─ 安全費
　　　　　　　　　　　　　　　　　　　　　　　　　　　├─ 共通仮設工事費
　　　　　　　　　　　　　　　　　　　　　　　　　　　├─ 直接仮設工事費
　　　　　　　　　　　　　　　　　　　　　　　　　　　└─ 機械等経費
　　　　　　　　　　　　　　　　　　├─ 土工事費
　　　　　　　　　　　　　　　　　　├─ 躯体費
　　　　　　　　　　　　　　　　　　├─ 仕上費
　　　　　　　　　　　　　　　　　　├─ 屋外他費
　　　　　　　　　　　　　　　　　　└─ 設備費
　　　　　　　　　　　　　└─ 現場経費 ─┬─ 工事経費
　　　　　　　　　　　　　　　　　　　　└─ 一般経費
　　　　　└─ 総利益 ─┬─ 内部経費 ─┬─ 割掛費
　　　　　　　　　　　　　　　　　　├─ 金利
　　　　　　　　　　　　　　　　　　├─ 内部不動産賃借料
　　　　　　　　　　　　　　　　　　└─ 内部保証料
　　　　　　　　　　　　└─ 純利益
```

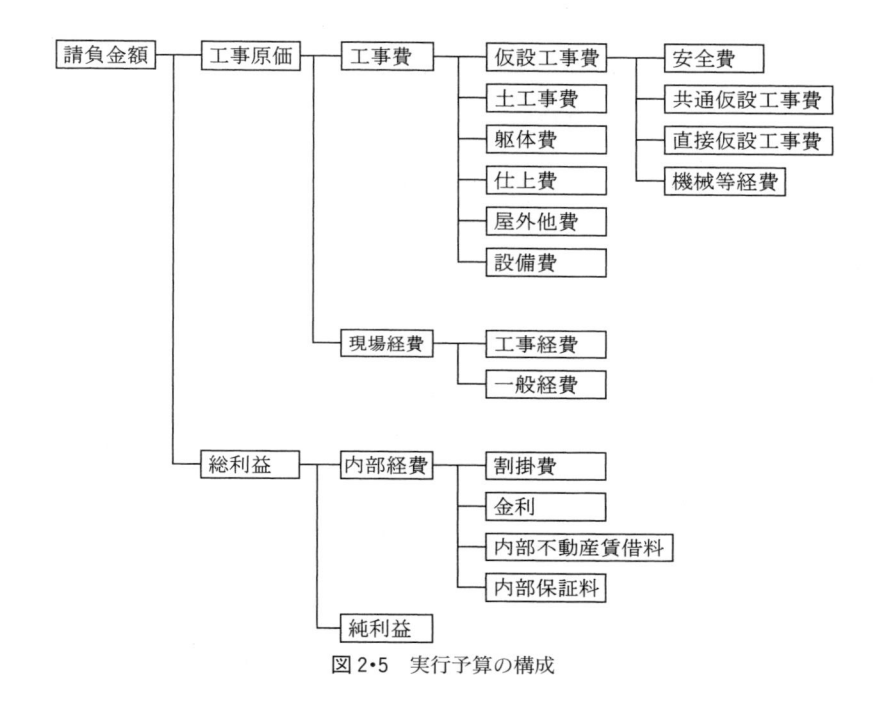

表 2・5　仮設工事費一覧

仮設工事費	安全費	外部落下養生，外部金網養生，シート養生，水平養生（足場層間，鉄骨，エレベータ，吹抜け等）
	共通仮設工事費	仮建物，仮囲い，準備，調査試験，電気・衛生，動力用水光熱費，仮設道路，補修，警備，片付け，運搬費
	直接仮設工事費	遣り方原寸，足場，養生，片付け，乗入れ構台
	機械等経費	工事用エレベータ，リフト類，移動式クレーン，固定式クレーン，計測機械類

表 2・6　現場経費一覧

現場経費	工事経費	労務管理費，労災保険料，補償費，設計費
	一般経費	租税公課，地代家賃，保険料，社員給料手当等，福利厚生費，法定福利費，事務用品費，旅費，交通費，通信費，広告宣伝費，交際費，保証料，情報処理関係費，雑費，営業所等経費配賦額，現業員費

入札保証料および工事履行保証料は保証料に計上する。
(5) 実行予算の編成手順
　実行予算は受注が決定して工事請負契約が成立し，施工のための種々の調査や準備が完了すると，直接担当者が工事内容の把握，施工計画ならびに技術的検討をし得るように，設計図書上の不明点を補足しながら作成していく。
(a) 元見積内容の検討
　工事の契約金額は，元見積書に基づき値交渉された結果決定されるものであるため，元見積書の内容とは若干利益率を含め違いがある。このため，実際に予算を編成するうえで予算の過不足の度合いを把握し，目標利益を確保するために施工計画，工事単価，見積数量等の見直しを行う。

表2・7　実行予算内容と標準帳票

区分	順序	内容
総　　　括	1	実行予算用紙
	2	実行予算提出一覧表
	3	工事総覧〔Ⅰ〕〔Ⅱ〕
	4	支給・貸与機材一覧表
	5	工事概要〔Ⅰ〕〔Ⅱ〕
要素別・原価	6	予算統括表
項目別集計	7	原価科目表〔Ⅰ〕（材料費，労務費）
	8	〃　　　　〔Ⅱ〕（外注費）
	9	〃　　　　〔Ⅲ〕（仮設材料費，機械費）
	10	〃　　　　〔Ⅳ〕（工事経費，一般経費）
	11	材料費内訳
	12	仮設材料費内訳
	13	機械費内訳
工　事　費	14	工事費集計〔Ⅰ〕～〔Ⅴ〕 　1．建築工事 　2．解体移築工事 　3．屋外工事 　4．設備工事
	15	間接仮設工事費　｛内訳を労務費・外注費・仮設材料費・機械費の順に配列する｝
	16	直接仮設工事費　｛同上
	17	山留め工事費
	18	特殊設備工事費
経　　　費	19	工事経費内訳
	20	一般経費内訳
その他	21	工程表

(b) 実行予算の編成

表 2・7 に実行予算の内容と標準帳票を示す。

2.3.5 工程計画
(1) 総合工程表の作成
(a) 事前検討事項

［基本検討事項］
① 対象となる作業の基本的数量の洗出し
② 各作業ごとの標準歩掛りの算出
③ 各作業の所要日数
④ 対象となる作業の先行作業と後続作業
⑤ 並行して行える作業の割り出し

［労務・資材検討事項］
① 各作業ごとの1日当り労働者数の平均化（バラツキが多いと手配が困難になることがあり，労務費全体が高くなる）
② 下請業者の請負能力（労働者の動員能力，施工技術力等）
③ 資材の搬入期日（セメント，木材等）
④ 工場製作品の製作日数（鉄骨，サッシ，タイル等）

［揚重用工事機械検討事項］
① 揚重資材の予定量
② 揚重能力（最大揚重資材の重量と作業半径の検討）
③ 荷捌きスペースの有無
④ リース代（タワークレーンか移動式クレーン。タワークレーンは移動式クレーンと比較して，同規模・同能力の場合に通常コストは倍）
⑤ タワークレーンを建物の中か外のどちらに建てるか（内部の場合は駄目工事が残り工期がかかる）

［その他の検討事項］
① 施工の関連作業工程（施工図作図体制等）
② 関連業者との取合い調整
③ 設備工事の試運転工程の確認（受電，水・ガス・排水の本管接続）
④ 施工ができない特殊期間（盆，正月，農繁期等）
⑤ 周囲の状況（日曜・祝日，早朝・夜間等の作業制限）

⑥　季節の天候
⑦　余裕日数

(b)　主要工事の工期分析

工程表を作成するためには，以下の順序により，内容分析・把握を行う。

①　設計図書を精読するとともに，施工場所の立地条件・近隣状況などを調べるなどして，工事内容を正確に把握する。
②　設計図書から各種の疑問点をリストアップし，設計者，協力会社などと意見調整を図って解決する。
③　建物をいくつかの作業区画に分けることにより，各担当者が検討する範囲が明確になり，細部にわたって検討することが可能になる。
④　作業区画ごとに作業内容を施工順序に従ってリストアップし，整理する。施工時間に換算できる作業要素はすべて網羅し，手順よく配列する。

(c)　所要日数の算出

各作業ごとの作業数量を算出し，過去の信頼ある作業能力データを利用して，所要日数を算出する。この際，単に作業能率のみに頼るのではなく，空間の大きさや，手配可能な労働状況などを検討するとともに，協力会社とも密な打合せを行う。また，全工期のうち，降雨や強風による作業不能日や日曜，祭日，ゴールデンウイーク，夏季，年末年始などの休日を想定し，施工可能な作業日を暦日換算する。

(d)　クリティカルパスの検討

主要工事の工程を結び合わせ，その最長経路であるクリティカルパス[注]を見いだし，これと指定工期とを比較する（図2・6参照）。指定された工期を超過した

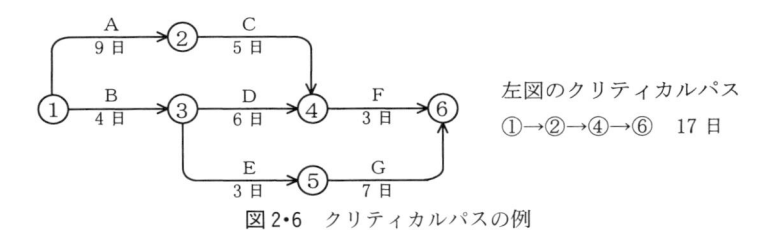

図2・6　クリティカルパスの例

左図のクリティカルパス
①→②→④→⑥　17日

注）　**クリティカルパス**：ネットワーク工程上で主要工事の工程を結び合わせ，その最長経路となるものをいう。この工程上の作業が工期を支配しているので，工期短縮を図る場合はクリティカルパス上の作業を直す。

場合の工期調整は，次の点を検討しながら行う。
　（e）工期短縮のための手法
　①　クリティカルパス上の短縮すべき作業と，短縮時間に着目して作業順序・所要時間をチェックする。作業順序については直列作業を並列作業にできないか，あるいはあえて関連性をもたせなくても後続作業ができる作業がないか検討する。
　②　余裕ある線上の同種作業の作業日数を延長し，それによって余った作業員をクリティカルパス作業に応援させる。
　③　作業能率を向上させるため，仮設段取りの改善，機械施工，工場製品化などの工法を再検討する。
　（f）総合工程表の作成
　工程表には，鉄骨，PCa版等の製作スケジュール，スケルトン・工作図等の計画スケジュール，クレーン等の資機材スケジュール，安全管理および主要行事等を記入する。躯体工程の把握のための躯体主要数量および躯体サイクル工程，各仕上工種ごとの工程表を盛り込む。中高層建物で基準階が繰り返される場合にはタクト工程を検討し，各工種の流れを検討する。
　（g）補　足
　①　サイクル工程
　一連の作業の流れを表した工程をサイクル工程という。
　躯体工事における墨出しからコンクリート打設までのサイクル工程表を，図2・7に示す。

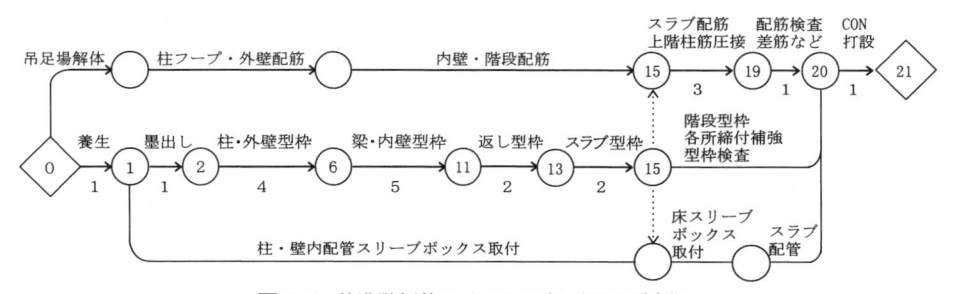

図2・7　基準階躯体サイクル工程（SRC造例）

　②　タクト工程
　高層建物で基準階が連続する場合，同一作業が繰り返し実施される。この作業

```
工区3                            作業A  作業B  作業C1  作業C2  作業D
                                 ○────→○────→○────→○────→○
                                 ↑     ↑     ↑      ↑     ↑
工区2                     作業A  作業B  作業C1  作業C2  作業D
                         ○────→○────→○────→○─────→○────→○
                         ↑     ↑     ↑     ↑       ↑
工区1         作業A  作業B  作業C1  作業C2  作業D
             ○────→○────→○────→○─────→○────→○
(工区を階と考えても良い)
```

　　　　　　　　　　サイクル工程　　──→　タクト工程

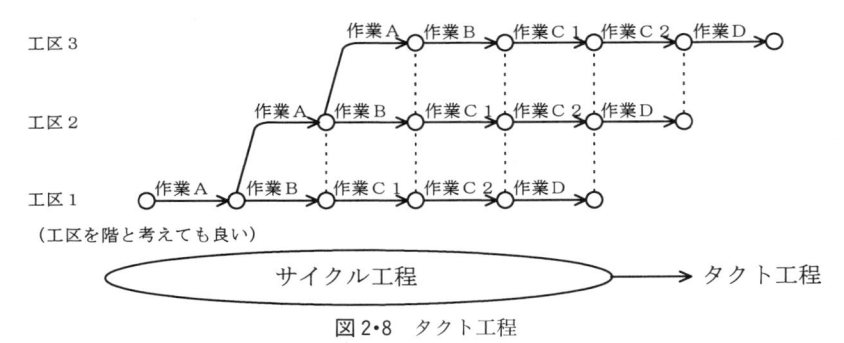

図2・8　タクト工程

を効率的に実施するためにタクト工程を作成，検討する（図2・8参照）。

　フロアにおける作業フローを各階ごとに繰り返して実施する場合に用いる方式である。

　③　マンパワースケジューリング

　　・山積み：ネットワーク工程で計画された作業内容に基づいて，各作業にかかる所要人員，機械，資材の量を1日ごとに記入し，いつ，どういう作業員が何人必要かを表したもの（図2・9参照）。

　　・山崩し：山積みで表した，各職種の所要人員，機械，資材の量を平均化させること（図2・10参照）。

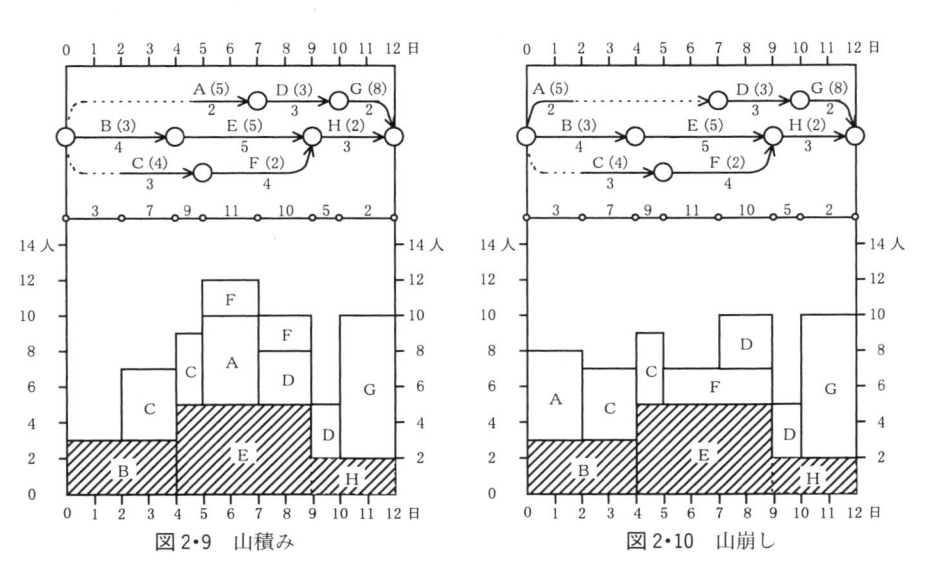

図2・9　山積み　　　　　　　　　　図2・10　山崩し

④ 工程表の種類

［横線工程表（バーチャート）］

縦軸に工事種目，横軸にその工事の必要日数を取り，生産過程を単純な形で表示できる。しかし，多くの工事間の調整をするには相互の関連がわかりにくく工程管理が難しい。

［ネットワーク工程表］

ネットワーク工程表にはアロー型ネットワークとサークル型ネットワークがあり，アロー型がよく使われている。また，ネットワーク手法はアメリカで開発された手法で，PERT，CPMを包含している手法である。
- PERT：日程計画とそのコントロール技法
- CPM：日程とコストの関連から工期の設定にあたって，費用最小の条件で最適の工期を求める手法

2.3.6 安全計画

本項では，安全管理の一般共通項目についての説明を行う。

(1) 安　全

建設工事における労働災害の発生率は，他の業種に比して高い。これは下記のような建設業の特殊性に起因している。
① 屋外作業で気象に左右される
② 作業所は高所，地下といった特殊環境が多く，変化が激しい
③ 混在作業が多く，作業員相互の緊密性が薄い
④ 仮設的施設が多い
⑤ 使用機械が比較的不安定で，運転および移動が不規則である
⑥ 取り扱う材料が一般的に非定型的である

このようなことから建設工事における労働災害の原因は，複雑な要因の絡み合いによって起こることが多く，単に設備面の予防措置，保護具の着用といった単純な安全対策では十分な管理とはいえない。

労働災害は，いったん起これば人道上，社会的信用を大きく失墜させるばかりでなく，作業員に不幸をもたらし，工事進捗を阻害することはもちろん能率を低下させるものであるから，その原因を追究し，これを排除することにより災害の発生を未然に防止するよう努めなければならない。

（2） 安全衛生関係の用語

安全衛生の法規を理解するうえで，最低限知っておくべき用語を挙げる。

（a） 安全・事故・災害

安全：安全の広義の意味は「生産が順調に進められている状態」をいう。

事故：安全な生産状態において人が予想しなかった，理解できなかった，知らなかった，甚だしきは，怠慢によってなんらかの不調が起きた場合をいう。

労働災害：通勤から帰宅に至るまでの，労働者の就業に係る建設物，設備，原材料，ガス，蒸気，粉塵等により，または作業行動その他業務に起因して，労働者が負傷し，疾病にかかり，または死亡することをいう（労働安全衛生法第2条）。

（b） 重大災害

一つの事故（通勤災害も含む）で3名以上の死傷者が発生した災害。

（c） 度数率

100万延べ労働時間当りの死傷者数をもって災害発生の頻度を表したもので，下式で示される。

$$度数率 = \frac{死傷者数}{延べ労働時間数} \times 1{,}000{,}000$$

（小数点第3位以下四捨五入，以下同じ）

延べ労働時間の算出方法は，休憩時間を除いた個人個人の労働時間を集計して求めるが，その集計ができない場合には，1日当りの平均労働時間に平均労働者数を乗じ，これに算出期間中の労働日数（例えば1カ月25日）を乗じて計算した概数を用いることもある。

（d） 強度率

工事事務所開設時の労使協約。対協力会社との安全衛生上の取り交わし事項。1,000延べ労働時間当りの労働損失日数をもって災害の程度を表したもので，下式で示される。

$$強度率 = \frac{労働損失日数}{延べ労働時間数} \times 1{,}000$$

損失日数は次式による。

$$損失日数 = 休業日数 \times \frac{300}{365}$$

ただし，死亡または障害を残す場合は次による。

① 死亡および障害等級1～3級の場合は，損失日数：7,500日
② 障害等級4～14級の場合の損失日数は，表2・8による。

表2・8 障害等級による損失日数一覧

障害等級	4	5	6	7	8	9	10	11	12	13	14
損失日数	5,500	4,000	3,000	2,200	1,500	1,000	600	400	200	100	50

（e） 年千人率

$$年千人率 = \frac{1年間における死傷者の総数}{1年間の平均労働者数} \times 1,000$$

（f） 労働者・事業者

労働者とは，職業の種類を問わず，事業（一定の予定期間内に事業目的を達成して終了するもの）または事務所に使用される者で賃金を支払われる者をいう。

事業者とは，事業を行う者で，労働者を使用する者，具体的には，その事業の経営主体そのもの，つまり事業経営の主体として損益計算の帰属する者を指し，個人企業にあってはその個人企業の経営主，会社その他の法人にあっては法人そのものが該当する。

（g） 労働時間

① 8時間労働制の原則（労働基準法第32条）

労働時間とは，現実に作業している時間のみでなく来客対応，当番など手待ちの時間も含む。1日8時間・1週40時間と規定されている。

② 変形労働時間制（労働基準法第32条の2）

就業規則等で4週間を平均し，1週40時間を超えない定めをした場合は，特定の日または特定の週に1日8時間または1週40時間を超えて労働することができる。

③ 8時間労働の例外（労働基準法第36条）

労使協定のある場合は，一定の有害作業を除いて，その協定で定める時間まで延長することができる。

④ 女子の労働時間（労働基準法第64条の2）

業務の繁忙に応じた弾力的な対応が可能となったが（1日2時間の規制の解除），1週6時間1年150時間の規制および休日労働の禁止は従来どおりである。

⑤ 年少者の労働時間（労働基準法第64条）

変形労働時間制は認められていない。しかし1週間のうち1日の労働時間を4

時間以内に短縮すれば，他の日は10時間まで労働することができる。

（3） 安全管理体制

（a） 事業者主体における安全衛生管理体制

建設業関係では，事業場（現場）に従事する直接雇用者（現場社員）数が100人以上の場合，図2・11の管理体制をとるようになっている。現場では社員数が100人を超えることは少ないので，次項の管理体制によるところが多い。

建設会社の安全衛生管理体制

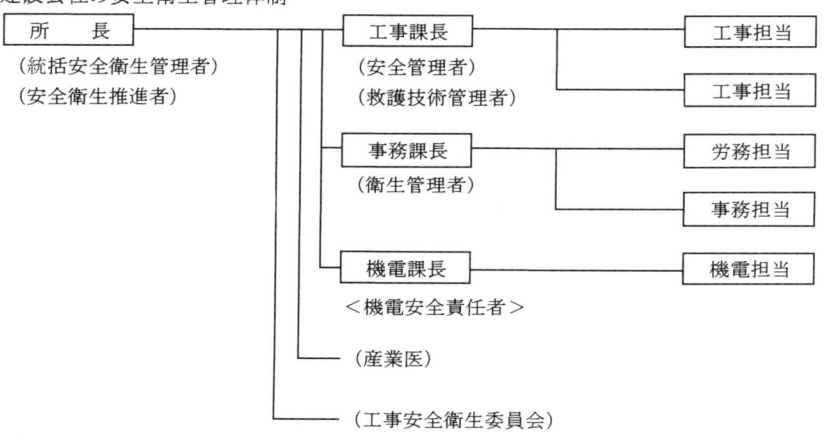

```
所　　長 ─┬── 工事課長 ─┬── 工事担当
(統括安全衛生管理者) │  (安全管理者)   │
(安全衛生推進者)     │  (救護技術管理者)└── 工事担当
                     │
                     ├── 事務課長 ─┬── 労務担当
                     │  (衛生管理者)  │
                     │               └── 事務担当
                     │
                     ├── 機電課長 ──── 機電担当
                     │  ＜機電安全責任者＞
                     │
                     ├── (産業医)
                     │
                     └── (工事安全衛生委員会)
```

図2・11　事業者主体における安全衛生管理体制

（b） 混在作業における安全衛生管理体制

建設業における混在作業の態様は，おおよそ次の二つに分けられる。

① 一つの元方事業者とその関係請負人（二次下請業者以下を含む）の労働者が混在する場合

② 二つ以上の元方事業者（分割発注の場合）と，これら関係請負人（二次下請業者以下を含む）の労働者が混在する場合

②の場合，統括安全衛生管理体制を行うべきものとして1社が指名（特定元方事業者）されると他の元方事業者はその管理体制の中に組み込まれる。

混在作業時の安全管理体制組織は，図2・12のとおりである。

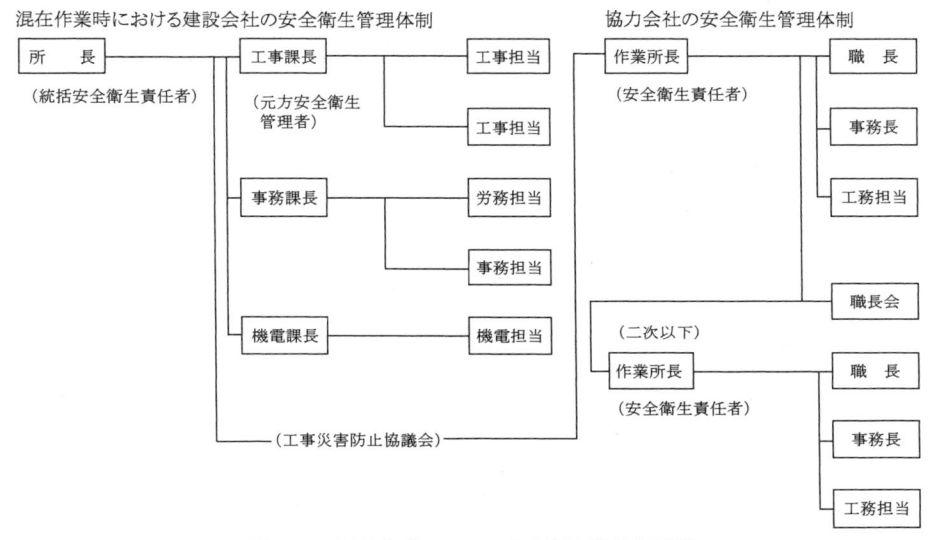

図2・12 混在作業における安全衛生管理体制図

2.3.7 環境計画
(1) 建設公害と対策
(a) 建設公害とは

建設公害とは，「建設工事の施工に伴って生ずる相当範囲にわたる大気の汚染，水質の汚濁，土壌の汚染，騒音，振動，地盤の沈下，悪臭および廃棄物処理によって人の健康または生活環境にかかわる被害が生ずること」をいう。

建設公害の防止策については，発注者と協議のうえ解決する問題であるが，請負者の責に負うところが大である。この対策については，計画段階で十分検討しておかなければ工事の進捗に大きな障害となり，工法変更や工期の遅れが生じ，多大な失費を招くことがある。ときには工事が中断され，さらには社会問題にまで発展し，入札参加資格停止などの制裁を受けるという，不名誉な事態にもなりかねないので，慎重に対処することが肝要である。

(b) 建設公害防止対策計画
① 計画の概要

施工中の公害防止対策は，工事の進捗過程に応じて計画するのが当然であり，このためには事前調査の段階で発生するであろう公害問題を予測し，その対応策

を検討しておく必要がある。

建設公害の中でも廃棄物問題については，直接的に不法投棄など不適正な処理による環境破壊の面と，間接的に大量排出や大量廃棄などによる地球環境への負荷の面から大きな社会問題になっている。建設廃棄物の発生の抑制，再利用の促進，適正処理の徹底を3本柱に計画を立てる必要がある。その他の公害（水質の汚濁，騒音・振動等）については，法令などによって基準が定められ，対策技術もほぼ確立されている。

しかし，建設工事を行うことは即，従来の環境を変えることであり，地元の感情として法規制の基準内にあるか否かよりも現状との対比を感覚的にとらえ，苦情を起こすことが多い。そのためには，地元住民とのコミュニケーションを図ることが肝要であり，発注者側と協力し，工事説明会などを開き，工事内容を理解してもらう努力も必要である。また，着工前と工事開始後の対比測定データを揃えることが大切である。

② 事前調査

「建設公害防止管理規程」でいう大気の汚染，水質の汚濁，騒音・振動などの建設工事における発生源と廃棄物の処理についての要点を以下に述べる。これらについて事前調査を行い，その予測と防止計画を立てなければならない。

ⓐ 大気の汚染：建築工事で注意すべき汚染物質は，
・掘削，積込み，運搬，破砕などの物理的な作業で発生する粉塵など
・建築物の解体，改造・補修の際に発生する吹付け石綿など

である。特に，建築物の解体等で吹付け石綿の排出等の作業を行う場合は，大気汚染防止法において保健所などに届出が義務づけられている。

ⓑ 水質の汚濁：建設工事に伴って発生する濁水は，その水量，水質，濃度が工事の種類，工法，地質，気象などによって相当に異なっている。

次に，建築工事に起因する濁水の発生源を列挙する。
・掘削工事に伴う濁水
・コンクリート打設に伴う濁水および洗浄水
・薬液注入に伴う濁水
・グラウト，ボーリング等に伴う濁水
・建設機械から漏出する含油排水

ⓒ 土壌の汚染：市街地土壌に関して工場や研究所の跡地などで有害物質による汚染が判明する例が頻出している。これらの土壌汚染の原因としては，

- ・製造施設などの破損に伴う漏出
- ・廃棄物処理法施行前の廃棄物埋立て
- ・汚染原因物の不適切な扱い

などが挙げられる。建設工事に先立ち，土地利用の履歴および過去の事業活動などから汚染の懸念のある場合には，十分調査する必要がある。

　建設工事に伴う地盤改良などについても薬液などの有害物質の有無に留意しておかなければならない。

ⓓ　騒　音

　杭打杭抜機，びょう打機，削岩機，空気圧縮機，コンクリート（アスファルト）プラント，建設機械などを使用する作業に伴う騒音。

ⓔ　振　動

　ⓓと同様の作業に伴う振動。

ⓕ　地盤の沈下

　ウェルポイント・深井戸による地下水の汲上げなどで周辺地盤の緩みによる沈下。

ⓖ　悪　臭

　アスファルト防水，廃棄物の処分。

ⓗ　廃棄物の処理

　建設工事に伴って生じる廃棄物を建設廃棄物といい，汚泥，建設廃材，ガラス・陶磁器くずなどの産業廃棄物と一般廃棄物がある。

　建設廃棄物は，そのほとんどが無害であり，その多くは資材としての再生利用が可能なものである。

　建設廃棄物の処理として，「適正処分の徹底」はもちろん「発生の抑制」，「再利用の促進」を着実に実施することが重要である。

（c）　騒音防止対策

①　工事騒音と規制

　工場および事業所における事業ならびに建設工事に伴って発生する相当範囲にわたる騒音について法令等で規制を受ける。

　建設工事においては，著しい騒音を発生する作業のうち，政令で定めるものを「特定建設作業」という。これに対する規制基準は**表**2・9のとおりである。

　さらに，地方自治体では騒音規制の条例を設け，特に指定地域，指定建設作業について独自に規制しているところがあり，十分に注意する必要がある。

表 2·9　騒音の規制基準

特定建設作業の種類		種類に対応する規制に関する基準			
		騒音の大きさデシベル(dB)	夜間または深夜作業の禁止	*1日の作業時間の制限	作業期間の制限
1.杭打機, 杭抜機, 杭打杭抜機を使用する作業	モンケン, 圧入式杭打杭抜機または杭打機をアースオーガと併用する作業を除く。	85	①の区域：午後7時から翌日の午前7時まで ②の区域：午後10時から翌日の午前6時まで	①の区域：1日につき10時間 ②の区域：1日につき14時間	同一場所において連続6日間[日曜日, その他の休日の作業禁止]
2.びょう打機を使用する作業					
3.削岩機を使用する作業	作業地点が連続的に移動する作業にあっては, 1日における当該作業における2地点間の最大距離が50mを超えない作業に限る。				
4.空気圧縮機を使用する作業	電動機以外の原動機を用いるものであって, その定格出力が, 15kW以上に限る（削岩機の動力として使用する作業を除く。）				
5.コンクリートプラントまたはアスファルトプラントを設けて行う作業	コンクリートプラント：混練機の混練容量が0.45m³以上, アスファルトプラント：混練機の混練重量が200kg以上のものに限る。ただしモルタルを製造するためにコンクリートプラントを設けて行う作業を除く。				
6.バックホウを使用する作業	原動機の定格出力が80kW以上, 一定の限度を超える大きさの騒音が発生しないものとして環境大臣が指定するものを除く。				
7.トラクターショベルを使用する作業	原動機の定格出力が70kW以上, 一定の限度を超える大きさの騒音が発生しないものとして環境大臣が指定するものを除く。				
8.ブルドーザー	原動機の定格出力が40kW以上, 一定の限度を超える大きさの騒音が発生しないものとして環境大臣が指定するものを除く。				

(注)
1. 基準値は特定建設作業の場所の敷地の境界線での値
2. 基準値を超えている場合, 騒音の防止の方法の改善のみならず, 1日の作業時間を＊欄に定める時間未満4時間以上の間において短縮させることを勧告または命令できる
3. 地域の区分の①（第1号区域）とは, 指定地域のうちで次に該当する区域である
   (1) 良好な住居の環境を保全するため, 特に静穏の保持を必要とする区域
   (2) 住居の用に供されているため, 静穏の保持を必要とする区域
   (3) 住居の用に併せて商業, 工業等の用に供されている区域であって, 相当数の住居が集合しているため, 騒音（振動）の発生を防止する必要がある区域
   (4) 学校, 保育所, 病院, 患者の収容施設を有する診療所, 図書館および特別養護老人ホームの敷地の周囲おおむね80mの区域内
   　地域区分の②（第2号区域）とは, 指定地域のうち, 前記に掲げる区域以外の区域

表 2・10　特定建設作業等における機械の騒音レベル

作業名	作業機械名	騒音レベル (dB)		
		1 m	10 m	30 m
杭打杭抜機およびせん孔機を使用する打設作業	ディーゼルパイルハンマ	105～130	93～112	88～98
	バイブロハンマ	95～105	84～91	74～80
	スチームハンマ，エアハンマ	100～130	97～108	86～97
	パイルエキストラクタ		94～96	84～90
	アースドリル	88～97	78～84	67～77
	アースオーガ	68～82	57～70	50～60
	ベノトボーリングマシン	85～97	79～82	66～70
びょう打作業	リベッティングマシン	110～127	85～98	74～86
	インパクトレンチ	112	84	71
削岩機を使用する作業	コンクリートブレーカ，シンカドリル，ハンドハンマ，ジャックハンマ	94～119	80～90	74～80
	コンクリートカッタ		82～90	76～81
掘削，敷地作業	ブルドーザ，タイヤドーザ	83	76	64
	ショベル，バックホウ	80～85	72～76	63～65
	ドラグライン，ドラッグスクレーパ	83	77～84	72～73
	クラムシェル	83	78～85	65～75
空気圧縮機を使用する作業	空気圧縮機	100～110	74～92	67～87
締固め作業	ロードローラ，タンピングローラ，タイヤローラ，振動ローラ，振動コンパクタ，インパクトローラ		68～72	60～64
	ランマ，タンパ	88	74～78	65～69
コンクリート搬入作業	コンクリートミキサ車	83	77～86	68～75
はつり，コンクリート仕上げ作業	グラインダ	104～110	83～87	68～75
	ピックハンマ		78～90	72～82

☆騒音の簡易予測
a) 予測式
　　予測式は，騒音のエネルギー伝搬理論による。
$$L = PWL - 20 \log_{10} R - 8 - \alpha d$$
　　　　L : 音源から R m 離れた地点の騒音レベル (デシベル)
　　　　PWL : 音源のパワーレベル (デシベル)
　　　　R : 音源から受音点までの距離 (m)
　　　　αd : 回折減衰による補正値 (デシベル)
　　cf. 音源から R_1 m 離れた地点の騒音レベル L_1 デシベルが得られているときに R_2 m 離れた地点の騒音レベル L_2 デシベルを求めるための予測式を示す。
$$L_2 = L_1 - 20 \log (R_2/R_1)$$

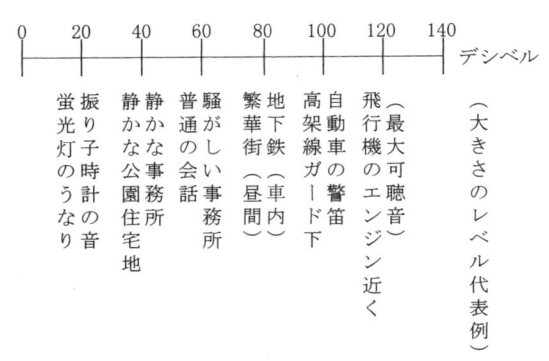

```
  0    20    40    60    80   100   120   140
  |----|----|----|----|----|----|----|     デシベル
```

| 蛍光灯のうなり | 振り子時計の音 | 静かな公園 | 静かな事務所 住宅地 | 普通の会話 | 騒がしい事務所 | 繁華街 | 地下鉄（車内） | 高架線ガード下 | 自動車の警笛 | 飛行機のエンジン近く | （最大可聴音） | （大きさのレベル代表例） |

図2・13 種々の音のレベル

規制を受けている機械が発生する騒音の大きさを**表2・10**に，種々の音のレベルを**図2・13**に示す。

② 特定建設作業実施の届出と騒音測定方法

当該建設作業実施の届出先は都道府県によって異なるが，指定地域内において当該建設作業の実施にあたっては，作業開始日の7日前までに都道府県知事に届け出なければならない。

（d） 振動防止対策

① 工事振動と規制

建設工事における振動は，人体への影響，あるいは構造物などに実害を及ぼすことがある。1976(昭和51)年に「振動規制法」が公布され，振動についても法規制が行われることとなった。

振動規制も騒音規制と同じように「特定建設作業」を定め，**表2・11**のように基準値を設けている。

建設作業については，振動の低減対策の困難さのため，振動が基準（75 dB）を超えた場合には，作業時間を短縮することにより，住民に与える影響を軽減している。

建設機械が発生する振動の大きさについて，実測値の一例を**表2・12**に示す。

② 特定建設作業実施の届出

当該建設作業実施の届出先は，騒音規制に関する届出に準ずる。

（e） 低騒音・低振動工法

圧入・逆打ち・工場製作によるプレハブ工法等は低騒音・低振動工法である

第2章 着工時業務　51

表2・11　振動の規制基準値

特定建設作業		規制種別			
		振動の大きさデシベル(dB)	夜間または深夜作業の禁止	＊1日の作業時間の制限	作業期間の制限
1. 杭打機，杭抜機，杭打杭抜機を使用する作業	モンケン，圧入式杭打，油圧式杭抜機，圧入式杭打杭抜機を除く。	75	①の区域：午後7時から翌日の午前7時まで　②の区域：午後10時から翌日の午前6時まで	①の区域：1日につき10時間　②の区域：1日につき14時間	同一場所において連続6日間[日曜日，その他の休日の作業禁止]
2. 鋼球を使用して建築物その他の工作物を破壊する作業					
3. 舗装版破砕機を使用する作業	作業地点が連続的に移動する作業にあっては，1日における当該作業に係る2地点間の最大距離が50mを超えない作業に限る。				
4. ブレーカを使用する作業	手持ち式のものを除く。50mを超えない作業に限る。				

(注)
1. 基準値は特定建設作業の場所の敷地の境界線での値
2. 基準値を超えている場合，騒音の防止の方法の改善のみならず，1日の作業時間を＊欄に定める時間未満4時間以上の間において短縮させることを勧告または命令できる
3. 地域区分の①（第1号区域）とは，指定地域のうちで次に該当する区域である
   (1) 良好な住居の環境を保全するため，特に静穏の保持を必要とする区域
   (2) 住居の用に供されているため，静穏の保持を必要とする区域
   (3) 住居の用に併せて商業，工業等の用に供されている区域であって，相当数の住居が集合しているため，騒音（振動）の発生を防止する必要がある区域
   (4) 学校，保育所，病院，患者の収容施設を有する診療所，図書館および特別養護老人ホームの敷地の周囲おおむね80mの区域内
      地域区分の②（第2号区域）とは，指定地域のうち，前記に掲げる区域以外の区域

(表2・13参照)。

工法は騒音・振動の大小も考慮して決定し，必要な場合は設計に反映させる。

　（f）　地盤の沈下

　掘削，地下水位低下工法などの工事に伴う排水，または軟弱地盤上の高盛土など重量構造物の構築工事に伴う上載荷重の増加によって，局部的に地盤沈下が生じることがある。また土留めの変位，杭，矢板の打込みまたは引抜き，不十分な埋戻し，土留めのすき間からの土砂流出に伴って，局部的な地盤変形が発生する

表 2・12 主要な建設機械による振動レベル
(建設機械から 7 m 地点)

工種	建設機械		鉛直方向の振動レベル(dB)
土工	ブルドーザ	9〜12 t	64〜81
		60 t, 40 t	63〜73
	トラクタショベル		55〜74
	油圧ショベル（バックホウ）		68〜81
			66〜72
	振動ローラ		52〜90
	振動コンパクタ		46〜54
	ダンプトラック	4 t 車 10 km/h	61〜68
		10 t 車 10 km/h	65〜79
基礎工・土留め工	ディーゼルパイルハンマ	〜2 t	75〜80
		2〜3 t	72〜84
		3〜4 t	76〜89
		4 t	70〜91
	ドロップハンマ		63〜89
	油圧ハンマ	6.5 t	85〜88
		8〜8.5 t	85〜91
	バイブロハンマ	〜40 kW	71〜77
		40 kW〜	72〜92
	アースオーガ		54〜65
	アースドリル	20 t 級機械式	59〜67
		30 t 級油圧式	58〜61
	オールケーシング掘削機	1,300 mm クローラ式	57〜68
		2,000 mm クローラ式	53〜68
	リバース・サーキュレーションドリル	1,500〜4,000 mm 発動発電機	61〜68
		3,000〜3,500 mm 発動発電機	44〜60
	プレボーリング		50〜64
	中掘工法		43〜62
軟弱地盤処理工	サイドドレーンバイブロ 50〜120 kW		69〜89
	サンドコンパクションバイブロ 60 kW		70〜81
	サンドドレーンドロップハンマ 2 t		63〜84
	DJM 工法 2 軸		42〜48
	重錘落下締固め		76〜108
構造物取壊し工	大型空気圧ブレーカ		74〜85
	大型油圧ブレーカ		74〜85
	油圧圧縮式コンクリート圧砕機		48〜55
	油圧ジャッキ式コンクリート圧砕機		41〜46
	自走式コンクリートカッタ（80 cm）		42〜48

☆振動の簡易予測
a) 予測式
振動の伝搬理論による距離による幾何減衰および地盤の内部減衰を考慮して計算する。

$$L = L_0 - 8.7\lambda\ (r - r_0) - 20\log_{10}(r/r_0)^n$$

L：振動源から r (m) 離れた地点の振動レベル（デシベル）

L_0：振動源から r_0 (m) 離れた点の振動レベル（デシベル）

λ：地盤の内部減衰定数
　粘土　　0.01〜0.02
　シルト　0.02〜0.03
　関東ローム　0.01

n：振動波の種類によって決まる定数
　半無限体の自由表面を伝搬する実体波 $n = 2$
　無限体を伝搬する実体波　$n = 1$
　表面波（レーリー波）　$n = 1/2$

表2・13 低騒音・低振動工法

工種	低騒音・低振動工法
地　下	逆打ち
山留め壁	レール横矢板（削孔圧入，圧入），H鋼横矢板（削孔根固め，圧入），鋼矢板（削孔圧入，圧入），ソイルセメント柱列壁，連続地中壁
杭	場所打ちコンクリート杭（アースドリル，リバース，深礎），既製杭（セメントミルク，埋込工法）
鋼構造物継手	高力ボルト接合（電動式，油圧式），溶接接合，ハイドロピン（ボルト穴位置合せ），工場製作
解　体	油圧圧砕機，油圧拡孔機，静圧破砕剤

ことがある。これらの地盤沈下や地盤変形によって建造物やガス管，水道管，貯水池などに障害が生じれば，これが建設公害として問題となる。

　（g）　建設に伴う廃棄物の処理と再生資源の利用
　①　建設副産物

建設副産物は「建設発生土等」と「建設廃棄物」の二つに大別される。詳しくは図2・14に示すとおりである。

　②　特別管理産業廃棄物

産業廃棄物のうち，爆発性，毒性，感染性，その他の人の健康または生活環境にかかわる被害を生ずるおそれがある性状を有するもので，その主なものは図2・14に示すとおりである。

この廃棄物のうち石綿（アスベスト）等については，特にその内容と対策について書式に則って記述すること。

　③　建設発生土

建設発生土は，有用物として埋立て材料，土地造成の材料として用いられているので廃棄物処理法の対象から除外されているが，建設廃材などが混入されたりすると産業廃棄物と判断されることもあるので十分注意しなければならない。

　④　廃棄物の処理

廃棄物処理法では，廃棄物を排出する事業者自らの責任において適正に処理するとともに，省資源の立場からも再利用を図り，減量に努めることを事業者の責務としているのが法の基本である。

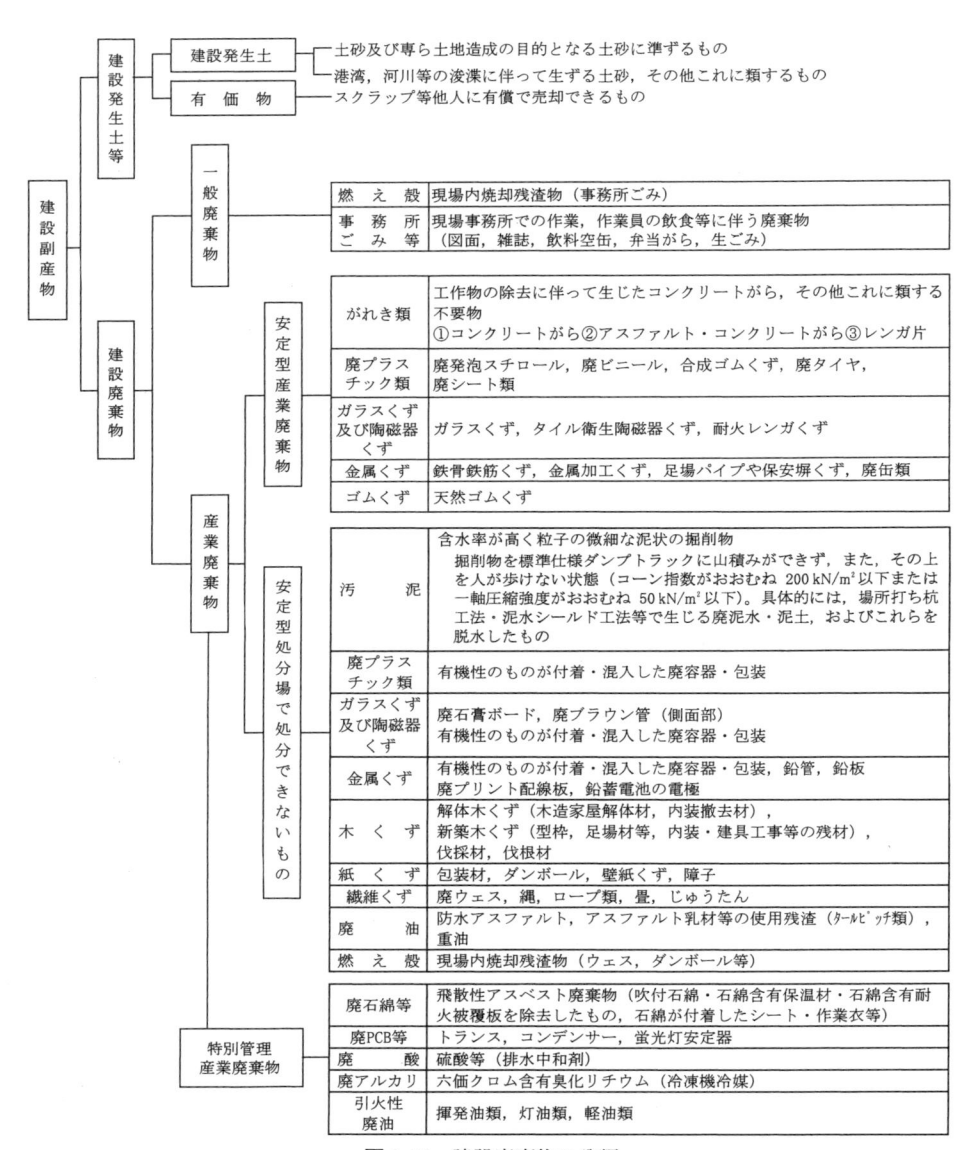

図2・14 建設廃棄物の分類

大分類	中分類	小分類	種類	内容
建設副産物	建設発生土等	建設発生土		土砂及び専ら土地造成の目的となる土砂に準ずるもの
				港湾,河川等の浚渫に伴って生ずる土砂,その他これに類するもの
		有価物		スクラップ等他人に有償で売却できるもの
	建設廃棄物	一般廃棄物	燃え殻	現場内焼却残渣物(事務所ごみ)
			事務所ごみ等	現場事務所での作業,作業員の飲食等に伴う廃棄物(図面,雑誌,飲料空缶,弁当がら,生ごみ)
		産業廃棄物 — 安定型産業廃棄物	がれき類	工作物の除去に伴って生じたコンクリートがら,その他これに類する不要物 ①コンクリートがら ②アスファルト・コンクリートがら ③レンガ片
			廃プラスチック類	廃発泡スチロール,廃ビニール,合成ゴムくず,廃タイヤ,廃シート類
			ガラスくず及び陶磁器くず	ガラスくず,タイル衛生陶磁器くず,耐火レンガくず
			金属くず	鉄骨鉄筋くず,金属加工くず,足場パイプや保安塀くず,廃缶類
			ゴムくず	天然ゴムくず
		産業廃棄物 — 安定型処分場で処分できないもの	汚泥	含水率が高く粒子の微細な泥状の掘削物 掘削物を標準仕様ダンプトラックに山積みができず,また,その上を人が歩けない状態(コーン指数がおおむね200 kN/m²以下または一軸圧縮強度がおおむね50 kN/m²以下)。具体的には,場所打ち杭工法・泥水シールド工法等で生じる廃泥水・泥土,およびこれらを脱水したもの
			廃プラスチック類	有機性のものが付着・混入した廃容器・包装
			ガラスくず及び陶磁器くず	廃石膏ボード,廃ブラウン管(側面部) 有機性のものが付着・混入した廃容器・包装
			金属くず	有機性のものが付着・混入した廃容器・包装,鉛管,鉛板 廃プリント配線板,鉛蓄電池の電極
			木くず	解体木くず(木造家屋解体材,内装撤去材),新築木くず(型枠,足場材等,内装・建具工事等の残材),伐採材,伐根材
			紙くず	包装材,ダンボール,壁紙くず,障子
			繊維くず	廃ウエス,縄,ロープ類,畳,じゅうたん
			廃油	防水アスファルト,アスファルト乳材等の使用残渣(タールピッチ類),重油
			燃え殻	現場内焼却残渣物(ウエス,ダンボール等)
		特別管理産業廃棄物	廃石綿等	飛散性アスベスト廃棄物(吹付石綿・石綿含有保温材・石綿含有耐火被覆板を除去したもの,石綿が付着したシート・作業衣等)
			廃PCB等	トランス,コンデンサー,蛍光灯安定器
			廃酸	硫酸等(排水中和剤)
			廃アルカリ	六価クロム含有臭化リチウム(冷凍機冷媒)
			引火性廃油	揮発油類,灯油類,軽油類

しかし，自ら処理できない場合には，営業の許可を有する廃棄物処理業者または地方公共団体等が実施する処理事業に委託することができ，建設業では多くの場合この委託処理をしているのが現状である。

廃棄物の処理とは，図2・15に示す一連の流れをいう。

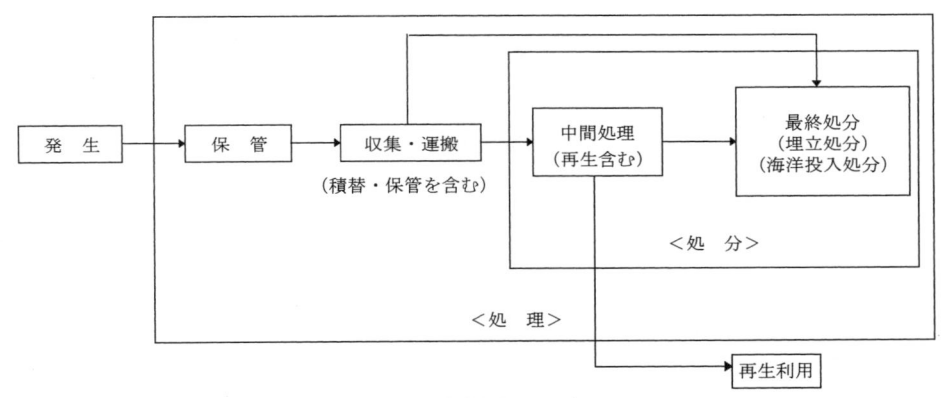

```
発 生 → 保 管 → 収集・運搬 → 中間処理 → 最終処分
                    (積替・保管を含む)  (再生含む)  (埋立処分)
                                                  (海洋投入処分)
                                        <処 分>
                      <処 理>
                                          → 再生利用
```

図2・15 廃棄物処理の流れ

[分別・保管] → [収集・運搬] → [中間処理]

中間処理とは，脱水，固形化，焼却，破砕などにより，廃棄物を無害化，減量化，減容化させることである（一定規模以上の施設を設置する場合は許可が必要である）。

⑤ 最終処分

埋立て処分（一定規模以上の施設を設置する場合は許可が必要である），指定地域への海洋投入処分。

建設業で排出する廃棄物は，一般に有害物質を含む可能性が少ないが，安易に処理することなく処理基準に従い適正に処理する必要がある。不法投棄等不適正な処理が行われた場合，たとえ処理業者の行ったことでも場合によっては元請にまでその責任が遡及する。

⑥ 廃棄物の処理形態と委託契約

建設業者（元請）が産業廃棄物の分類，保管，収集，運搬，中間処理・処分を自ら行うほか，処理業者に委託することができる。

ⓐ 産業廃棄物の自社処理：建設業者が産業廃棄物の収集，運搬，処分などのすべて，または一部を自ら実施すること。

ⓑ 産業廃棄物処理業者への委託処理：都道府県知事から営業の許可を受けた産業廃棄物処理業者に委託して産業廃棄物の処理をすること。

ⓒ 廃棄物委託契約：廃棄物を委託する場合は，当該廃棄物の営業許可をもつ収集・運搬業者，処分業者と，それぞれ書面による委託契約を締結する。その際，委託契約に記載必要な事項が定められている委託契約書は，原則として建設九団体標準様式（1998年11月制定）を使用すること。

⑦ 廃棄物の再利用

建設廃棄物は多量に排出されるため，そのまま埋立て処理すれば広大な用地を必要とする。そのため建設業者は，減量化を図るとともに再利用（資源化する）するよう心掛ける必要がある。

コンクリート塊，アスファルト塊などが再利用されずに廃棄されている状況に鑑み，「再生資源の利用の促進に関する法律」（以下「リサイクル法」という）が制定（施行：平成3年10月）され，建設工事に伴い，副次的に得られる物品（再生資源，廃棄物）を建設副産物と呼び，資源の有効な利用の確保を図るものとしている。建設副産物と廃棄物との関係を示すと図2・16のとおりである。

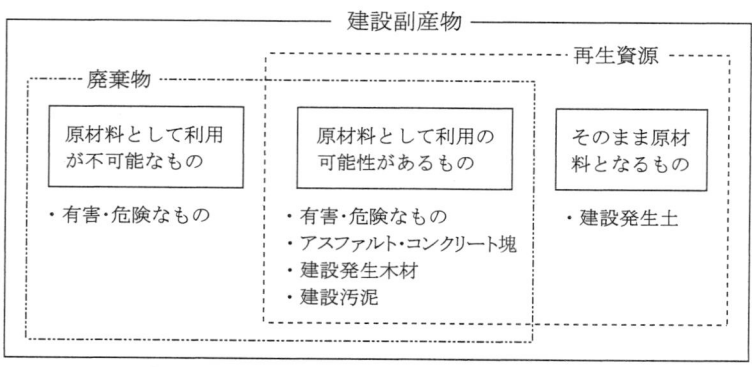

図2・16 建設副産物と再生資源・廃棄物との関係

⑧ 関係者の責務

ⓐ 建設工事の発注者：再生資源を資材として指定することおよび，副産物を再資源化施設に搬入するよう指示することなどを設計図書に明示する。

ⓑ 請負業者（事業者）：請負契約の内容を踏まえ，計画的かつ効率的に再生資源の利用および副産物の再生資源として利用の促進に努める。

⑨ 施工計画

リサイクル法では，一定規模以上の工事について再生資源利用促進計画，再生資源利用計画を作成するとともに実施状況を把握することが義務づけられている。
- ⓐ 再生資源利用促進計画（建設副産物を搬出する際の計画）
  次のような指定副産物を搬出する建設工事
  - ・建設発生土：1,000 m³ 以上
  - ・コンクリート塊，アスファルト・コンクリート塊，建設発生木材：合計 200 t 以上
- ⓑ 再生資源利用計画（再生資源を利用する際の計画）
  次のような建設資材を搬入する建設工事
  - ・土　砂：1,000 m³ 以上
  - ・砕　石：500 t 以上
  - ・加熱アスファルト混合物：200 t 以上

2.3.8 施工計画の審査
(1) 施工準備委員会
施工準備委員会の実施例を以下に示す。
（a）目　的
現場と管理部門が共同で，当該工事の施工管理上重要な問題を早期に摘出し，その解決への方向付けを行い，そのために必要な管理部門の指導支援の方針を決定する。
（b）実施時期
原則として着工から1カ月以内
（c）担当実施責任者：建築工事管理部長
　　連絡窓口：建築工事管理部
　　出席者：建築部長・建築工事管理部・設備工事管理部・建築総括安全（建設公害）管理者・安全環境部・機材部等から建築工事管理部長が要請する。
（d）審査内容
施工準備委員会では次の内容について，その合理性，経済性，安全性等を検証する。
① 基本施工計画
② 安全衛生計画

③　環境管理計画
④　施工計画図：総合仮設計画図・重機等揚重計画図・車両等搬入計画図・足場計画図・鉄骨建方計画図等
⑤　施工運営方針書またはそれに代わるもの
（e）　予防措置

建築工事管理部長は下記工事において，技術的課題に関し自部署での解決の可否を判断し，自部署での解決が困難な場合は本支店関連部署に解決を依頼する。
①　新しい構法または材料を適用した建造物
②　新しい用途またはニーズの建造物
③　大規模かつ複雑な建造物
④　特殊な施工条件の工事
（f）　必要書類

基本施工計画書・安全衛生計画書・環境管理計画書・施工計画図（総合仮設計画図・足場計画図・重機計画図等）

（2）　基本施工計画書・安全衛生計画書・環境管理計画書
（a）　基本施工計画書

要求品質を施工段階で具現化するための，工事運営に関する基本的な考えをまとめるもの。主要なものは以下の項目である。
①　主要品質と設計主旨
②　施工条件の概要
③　工程表
④　主要施工方針
⑤　品質管理の検査計画
⑥　工事施工実施記録書(1),(2)
⑦　CR検討項目
（b）　安全衛生計画書

工事着工に先立ち，施工計画に沿って，以下の項目について，安全衛生計画を立案する。
①　立地環境条件
②　安全衛生管理重点目標
③　工種，工法別の予測される災害
④　災害に対する具体的実施計画

⑤　安全衛生管理機構
（c）　環境管理計画書
①　環境に関する所長方針
②　環境目標
③　施主・行政・地域住民からの指導・要望事項
④　環境管理計画：汚染土壌，水質，騒音・振動，建設副産物，再生資源利用
⑤　緊急事態対応計画
⑥　苦情受付件数（実績）

2.3.9　88条審査会

　建設業においては，墜落・建設機械・土砂崩壊落盤による災害が，三大災害として災害の過半を占めており，これら災害発生の危険性を排除するためには，施工計画の策定にあたって，工法・工期・工程等のあらゆる角度から安全面の事前評価を行うことが重要である。

　労働安全衛生法第88条では，大規模構造物やその他危険性の高い工事等建設作業で一定のものについては，あらかじめ社内で内容を十分審査したその施工計画内容を労働基準監督署へ届け出ることが義務づけられている。

（1）　労働安全衛生法第88条とは（安衛法第10章第88条抜粋）

（a）　1項

　事業者は，当該事業場の業種および規模が政令で定めるものに該当する場合において，当該事業場に係る建設物もしくは機械等を設置し，もしくは移転し，またはこれらの主要構造部分を変更しようとするときは，その計画を当該工事の開始の日の30日前までに，厚生労働省令で定めるところにより，労働基準監督署長に届け出なければならない。ただし，仮設の建設物または機械等で，厚生労働省令で定めるものについては，この限りでない。

（b）　2項

　前項の規定は，機械等で，危険もしくは有害な作業を必要とするもの，危険な場所において使用するものまたは危険もしくは健康障害を防止するため使用するもののうち，厚生労働省令で定めるものを設置し，もしくは移転し，またはこれらの主要構造部分を変更しようとする事業者（同項の事業者を除く）について準用する。

（c）　4項

事業者は，建設業その他政令で定める業種に属する事業の仕事（建設業に属する事業にあっては，前項の厚生労働省令で定める仕事を除く）で，厚生労働省令で定めるものを開始しようとするときは，その計画を当該仕事の開始の日の14日前までに，労働省令で定めるところにより，労働基準監督署長に届け出なければならない。

（2） 届出書類一覧

（a） 安衛法第88条第4項に基づき計画の届出を必要とする建設業の仕事（安衛則第90条，91条）（**表2・14**参照）。

表2・14　安衛法第88条第4項届出書類一覧

種　　別	届出事項および添付図面
1.高さ31mを超える建築物または工作物（橋梁を除く）の建設，改造，解体，破壊の仕事	1.周囲の状況，四隣との関係図 2.建設物等の概要図 3.工事用機械，設備，建設物等の配置図 4.工法概要を示す書面または図面 5.労働災害防止方法および設備の概要を示す書面または図面 6.工程表
2.掘削の高さ，深さが10m以上の地山の掘削	
3.建物の解体・改修の際に石綿等を除去する作業	

［注意］
① 届出の提出期限：建設等の仕事を開始する14日前まで
② 届出の義務者：自ら仕事を行う発注者，その者がいないときは元請負人
③ 届出先：所轄労働基準監督署長
④ 様式：21号「建設工事計画届」
⑤ 届出部数：2部（正・副）

（b） 安衛法第88条第2項（第1項の準用規定）に基づき計画の届出を必要とする設備のうち建設工事に関係のあるもの（安衛則第88条，89条）（**表2・15**参照）。

［注意］
① 届出の提出期限：設備の設置工事着手30日前まで
② 届出の義務者：設備の設置者（元請等）
③ 届出を必要としない設備等：架設通路，足場（吊り足場，張出し足場も含む）で組立から解体まで60日未満のもの
④ 届出先：所轄労働基準監督署長
⑤ 様式：20号「機械等設置・移転・変更届」

表 2・15　安衛法第 88 条第 2 項届出書類一覧（設備）

設　　　備	事　　　項	図　　　面
型枠支保工（支柱の高さが 3.5 m 以上のものに限る）	1. 打設しようとするコンクリート構造物の概要 2. 構造，材質および主要寸法 3. 設置期間	組立図および配置図
架設通路（高さおよび長さがそれぞれ 10 m 以上のものに限る）	1. 設置箇所 2. 構造，材質および主要寸法 3. 設置期間	平面図，側面図および断面図
足場（吊り足場，張出し足場以外の足場にあっては高さが 10 m 以上の構造のものに限る）	1. 設置箇所 2. 種類および用途 3. 構造，材質および主要寸法	組立図および配置図
アセチレン溶接装置，ガス集合溶接装置（移動式除く）	安衛則別表第 7 参照	定義については安衛法施行令第 1 条参照

⑥　届出部数：2 部（正・副）

（c）　安衛法第 88 条第 2 項（第 1 項の準用規定）に基づき設置，変更を必要とする機械等（安衛則以外の特別規則）（**表 2・16** 参照）。

（3）　審査規定

（a）　審査の時期

① 着工日をめどに届出の提出期限との兼ね合いを検討し，日数に余裕のあるもののほかは集中的に審査を行うよう配慮する。

② 受注，着工までに具体的計画ができない部分については，全体計画の概要，および審査を終了したものを届け出，後日，具体的計画が確定し次第その部分については再度審査を行い，追加届出を行う。

③ 施工計画に変更があった場合は，その部分について変更届出を行う。

（b）　審査の方法

① 全委員が一堂に会して基本計画作成者，および施工計画参画者の説明を受けながら審査を行う方法が望ましい。ただし，各委員に審査責任範囲を定めさせ，審査終了後，委員長が取りまとめる等の方法もある。

（c）　審査後の措置

① 審査終了後は，社内審査書に審査委員が押印し届け出る。

② 再検討指摘事項があった場合には，再検討指摘事項処置表に記入し，委員長が確認し，社内審査書に押印のうえ届け出る。

表2・16 安衛法第88条第2項届出書類一覧（特定機械または設備）

特定機械または設備	届出対象	届出事項および添付図面等
クレーンの設置 （様式第2号） 明細書（様式第3号）	吊り上げ荷重3t以上 （スタッカ式は1t以上）	1. クレーンを設置しようとするとき 2. 設置工事を開始する日の30日前まで 3. 添付書類 　(1)クレーン明細書（様式第3号） 　(2)組立図 　(3)クレーンの種類に応じクレーン則別表に定める構造部分の強度計算書 　(4)据付けの箇所の周囲の状況 　(5)基礎の概要 　(6)走行クレーンの場合，走行範囲
デリックの設置 （様式第2号） 明細書（様式第24号）	吊り上げ荷重2t以上	1. デリックを設置しようとするとき 2. 設置工事を開始する日の30日前まで 3. 添付書類 　(1)デリック明細書（様式第24号） 　(2)組立図 　(3)デリックの種類に応じクレーン則別表に定める構造部分の強度計算書 　(4)据付けの箇所の周囲の状況 　(5)控えの固定の方法
エレベータの設置 （様式第26号） 明細書（様式第27号）	積載荷重1t以上	1. エレベータを設置しようとするとき 2. 設置工事を開始する日の30日前まで 3. 添付書類 　(1)エレベータ明細書（様式第27号） 　(2)組立図 　(3)エレベータの種類に応じクレーン則別表に定める構造部分の強度計算書 　(4)据付けの箇所の周囲の状況 　(5)控えの固定の方法
建設用リフトの設置 （様式第30号） 明細書（様式第31号）	ガイドレールの高さ18m以上	1. ガイドレールの高さが18m以上の建設用リフトを設置しようとするとき 2. 設置工事を開始する日の30日前まで 3. 添付書類 　(1)建設用リフト明細書（様式第31号） 　(2)組立図 　(3)建設用リフトの種類に応じクレーン則別表に定める構造部分の強度計算書 　(4)据付けの箇所の周囲の状況 　(5)控えの固定の方法

第2章　着工時業務

上記のすべての機械	変更届（様式第21号） ・クレーン ・デリック ・エレベータ ・建設用リフト	1. それぞれの機械ごとに，各号のいずれかに掲げる部分を変更しようとするとき ○クレーン：1.クレーンガータ，ジブ，脚，塔その他の構造部分　2.原動機　3.ブレーキ　4.吊り上げ機構　5.ワイヤロープまたは吊りチェーン　6.フック，クラブバケット等の吊り具 ○移動式クレーン：1.ジブ，その他の構造部分　2.原動機　3.ブレーキ　4.吊り上げ機構　5.ワイヤロープまたは吊りチェーン　6.フック，クラブバケット等の吊り具　7.台車 ○デリック：1.マスト，ブーム，控えその他の構造部分　2.原動機　3.ブレーキ　4.吊り上げ機構　5.ワイヤロープまたは吊りチェーン　6.フック，クラブバケット等の吊り具　7.基礎 ○エレベータ：1.搬器またはカウンターウェイト　2.巻上げ機または原動機　3.ブレーキ　4.ワイヤロープ　5.屋外のものは昇降路塔，ガイドレール支持塔または控え ○建設用リフト：1.ガイドレールまたは昇降路　2.搬器　3.原動機　4.ブレーキ　5.ウインチ　6.ワイヤロープ 2. 変更の工事の開始日の30日前までに提出 3. 検査証および変更部分の図面を添付
	落成検査申請書 ・クレーン ・デリック ・エレベータ ・建設用リフト （様式第4号）	1. 設置工事が落成したとき 2. 荷重試験，安定度試験に必要な荷および玉掛用具を準備し検査に立ち会う
	変更検査申請書 ・クレーン ・デリック ・エレベータ ・建設用リフト （様式第13号）	1. それぞれの機械ごとに，部分を変更したものの検査を受けるとき 2. 荷重試験，安定度試験に必要な荷および玉掛用具を準備し，検査に立ち会う

☆なお，○法88条3項により大規模計画の届出を必要とするもの。
　　　　○法89条2項により労働基準監督署長に届出のあった建設物もしくは機械等の設置等の計画または建設業の仕事の計画のうち，高度の技術的検討を要するもの。

第3章　施工中業務

施工中における現場運営管理業務の要点を理解していただくため，地下2階・地上8階・延べ床面積8,000 m²程度の建物をモデルとして，標準的な**地下工事業務工程表**および**地上工事業務工程表**（折込み）に基づき説明します。

3.1　工種別施工計画

（1）　工種別施工計画書と施工要領書

工種別施工計画書とは，工事担当者がその工種ごとの施工方針を立て，工事全体の効果的運営を目指すなかで，その工種として達成すべき品質，納期，安全および生産性を最大級に発揮させるガイドラインとして取りまとめるものである。

施工要領書とは，協力会社が工事担当者から示された施工計画のもとで，効果的な生産体制，手順，方法を具体的に展開するものである。図3・1に建設会社と専門工事業者の業務内容を示す。

次に工種別施工計画書と施工要領書の内容について具体的に必要と思われる項目を挙げる。

（a）　工種別施工計画書（**付録・1参照**）

①　工事概要，施工管理者の施工体制

その工事全体と施工担当工種の規模や内容および担当者を明確にする。

②　要求品質，設計仕様

その工事に要求されている品質や施工管理のうえで明確にしておきたい品質を伝達する。なお，ここで明らかにした品質は施工管理者としての受入検査の対象となる。

③　施工条件

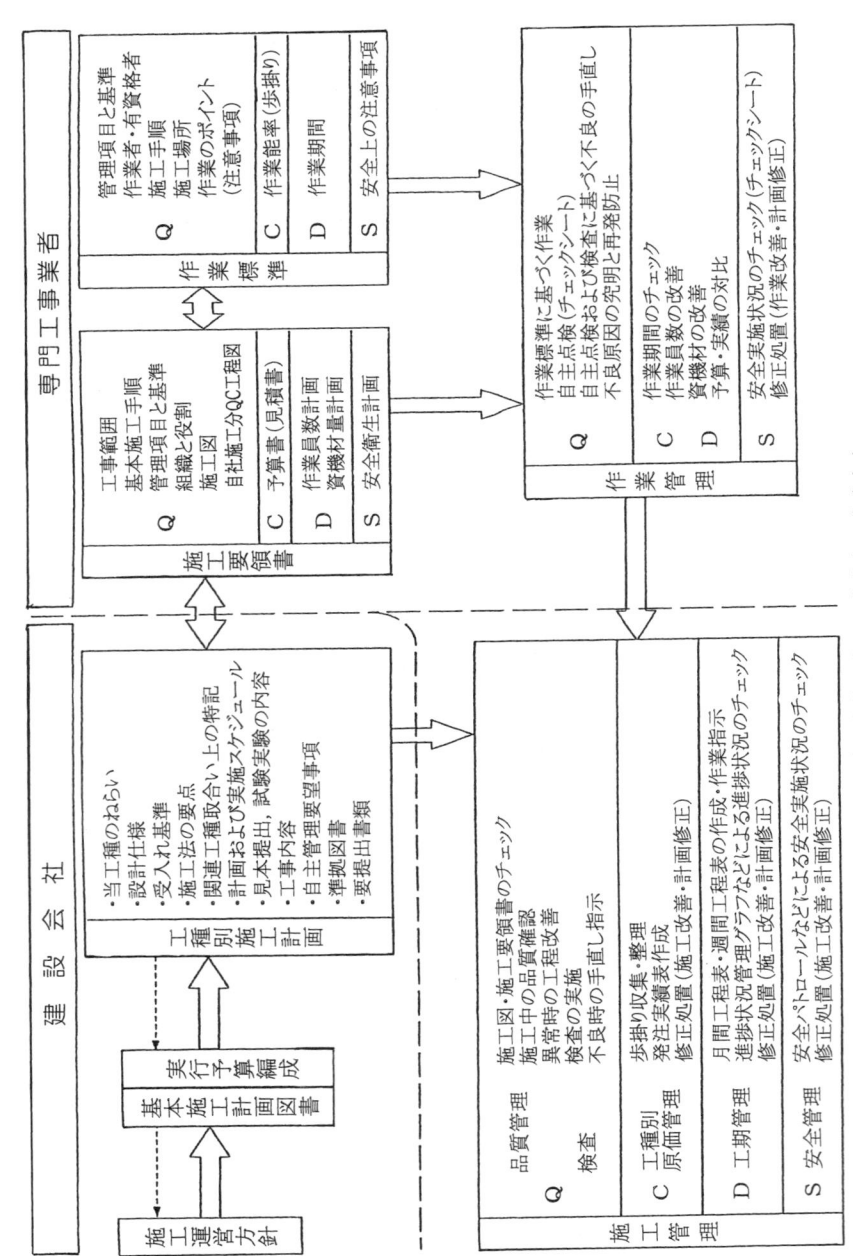

図3・1 建設会社と専門工事業者の業務内容

【建設会社】

施工運営方針 → 基本施工計画図書 → 実行予算編成

工種別施工計画
・当工事のねらい
・設計仕様
・受入れ基準
・施工法の要点
・関連工種取合い上の特記
・計画および実施スケジュール
・見本提出、試験実施の内容
・工事内容
・自主管理要望事項
・準提出書類
・要提出書類

施工管理
Q 品質管理：施工図・施工要領書のチェック／施工中の品質確認／異常時の工程改善／検査の実施／不良時の手直し指示
　検査
C 工種別原価管理：歩掛り収集・整理／発注実績表作成／修正処置（施工改善／計画修正）
D 工期管理：月間工程表・週間工程グラフなどの作成・作業指示／進捗状況管理グラフによる進捗状況のチェック／修正処置（施工改善／計画修正）
S 安全管理：安全パトロールなどによる安全実施状況のチェック／修正処置（施工改善／計画修正）

【専門工事業者】

施工要領書
・工事範囲
・基本施工手順
・管理項目と基準
・組織と役割
・施工図
Q 自社施工のQC工程図
C 予算書（見積書）
D 作業員数計画／資機材量計画
S 安全衛生計画

⇔ 作業標準
Q 管理項目と基準／作業者・有資格者／作業手順／施工場所／作業のポイント（注意事項）
C 作業能率（歩掛り）
D 作業期間
S 安全上の注意事項

作業管理
Q 作業標準に基づく作業／自主点検（チェックシート）／自主点検おおよび検査に基づくべく不良の手直し／不良原因の究明と再発防止
C 作業期間・作業員数のチェック
D 資機材の改善／予算・実績の対比
S 安全実施状況のチェック（チェックシート）／修正処置（作業改善／計画修正）

- 施工範囲：契約に基づく当該工事の施工範囲，関連工事との接点
- 日程計画：他工種とのつながり，その工事の納期およびそれらの調整
- 仮設計画：その工事に関する足場，揚重，運搬計画とその運用
- 安全計画：工事全体の共通安全指示およびその工種についての安全指示
- 検査計画：その工事の出来栄えの基準および検査項目

（b）施工要領書

① 施工体制と作業員計画

指定工期内に完成させるための協力会社側の施工体制・組織や人員計画を示す。

② 資機材計画

資機材計画は品質，施工能率，安全に大きな影響を与えるものであり，事前に専門工事業者内で十分検討すべきである。

③ 施工手順および具体的方法

与えられた日程，仮設設備等の条件のもとで，作業をどのような手順でどう行うのかを，役割を含めて具体的に記載する。この項は施工要領書の中心をなす部分であり，作業員に効果的に伝達できる挿し絵などを記載した内容が好ましい。また，目標とする品質が達成されなかった場合には，この部分をまず見直しすることになる。

④ 養生・片付け

従来はあまり記載されることがなかったが，この項については協力会社に自主的に計画すべき事項として盛り込むようにする。

⑤ 安全管理

各工種の安全管理事項に限らず，協力会社としてどのように安全管理に取り組むかを記載する。

（2） 工種別施工計画図

施工条件の調査結果，仮設の仕様・配置計画・搬出入作業経路，施工順序（工区割，鉄骨建方計画，コンクリート打設計画，等）等に関する以下の計画図を作成する。

（a）足場・桟橋計画

足場は，各種工事の作業床であり，作業員の通路と工事関係者および第三者の安全施設としての役目があるので，作業性，安全性を考慮し，配置計画，平面・立面図ならびにポイントとなる詳細図を作図する。

（b） 構台計画

構台は，現場での動線計画のうち，各工事の施工法に最も影響を与えるもので，仮設材の搬入，残土搬出，鉄筋・型枠・コンクリートの搬入，鉄骨の搬入・建方，副資材の搬入など総合的に検討し計画する。

計画図には，その構造がわかるような平面図，側面図および詳細図を図示する。

（c） 揚重計画

前項の構台計画が，現場動線の平面計画であるのに対して，垂直方向の動線計画として揚重計画がある。

揚重設備の位置，配置は総合仮設計画に明示するが，タワークレーンの盛替え順序，時期およびジブクレーン，パワーリーチ，ロングリフトエレベータの据付け詳細も図示する。なお，本設エレベータ，ゴンドラ等の仮設利用も検討する。

（d） 掘削・山留め工事計画

掘削計画については，掘削面の勾配と高さ，掘削の順序，掘削箇所への墜落防止策，および昇降設備，仮設通路の位置，配置，構造の詳細，緊急退避経路などを掘削計画図として図示する。

山留めについては，山留め架構および切張り，腹起こし，支柱の取合い詳細を山留め計画図として図示するとともに，山留め構造計算書（解体時を含む）を作成する。また，アースアンカー工法の可否等についても検討する。

なお，掘削，山留め工事に伴う使用機械の運行経路および配置も図示する。

（e） 排水計画

釜場，ウェルポイント，ディープウェル（深井戸），およびその他の工法について，揚水量を計算する。また，復水の時期，ディープウェルの処理方法も併記する。

排水計画図としては，掘削または山留め計画図に記載してよいが，特に，ディープウェルの処理方法については詳細図を作成する。

（f） 地業・基礎工事計画

杭・ピア地業およびその他の地業について，土質資料に基づき，掘削・山留め計画との関連を考慮のうえ，工法・使用機械・施工順序・泥水プラントおよび鉄筋加工場の配置などについて計画する。なお，市街地における工事の場合は，騒音・振動など建設公害に対する問題も加味する。

（g） 鉄骨建方計画

計画図に建方順序，重機運行経路および配置など建方要領の判断基準を示し，建方上の仮設安全計画や，本締・溶接についても明記する。

（h）　コンクリート工事計画

計画図には，配管経路と要領，生コン運行経路と待機場所，ポンプ車の配置，および打込み区画，順序，養生方法を図面とする。

（i）　型枠工事計画

計画図には，全体平面図，断面図（2方向），各部詳細図（枠組，パイプサポート，センタリングガーター，ペコビームなど）を図示する。また必要に応じ計算書を作成する。

（j）　鉄筋工事計画

鉄筋の組立は，基礎，地下・地上軀体および，RC造，SRC造等により，方法，順序が異なるので，それらを明らかにし，加工場，運搬，取込み構台，施工順序，および施工機械等を計画図に盛り込む。

（k）　外部仕上工事計画

外部仕上として，カーテンウォール，石，タイル工事，その他の特殊工事の場合について，足場計画，施工順序，養生方法等を作成する。

特に，壁つなぎの盛替えは事前に検討する。

（l）　内部仕上工事計画

天井工事，建具，壁ボード張り，など一般的なものや，塗床，乾式石張等特殊な工事について，その施工順序，足場，養生方法等について図面化する。

（m）　設備工事計画

設備そのものの検討や，建築と設備との接点部分について，相互に十分打ち合わせ施工計画図を作成する。

特に，以下の事項について検討する。

- 電力，電話，給排水，ガスの引込み位置と施工法
- 重量機器搬出入方法と設置方法（マシンハッチ）
- 配管，ダクト，電線類の吊り方法や支持方法および壁貫通方法（タワークレーンと縦配管・ダクトユニットとの位置関係）
- 防音，防振計画
- 天井内高さ方向の納まり，PS内の平面的納まり

（3）　施工図

施工図は，建物の最終の出来上がりになるため，決定・承認に至るまでに施

表3・1 主な施工図リスト

工事名称	図面名称	内容
コンクリート工事	1. コンクリート寸法図 2. 鉄筋工作図 3. 型枠組立図	基礎・各階・最上階・PH・部分詳細図・打放しコンクリート・目地割付け加工・ジョイント 詳細図・転用計画
鉄骨工事	1. アンカー打込み計画図 2. 軸組図 3. 鉄骨工作図	アンカープラン・取付け詳細
プレコン・ブロック工事	1. 割付図 2. 納まり詳細図	間仕切軽量コンクリートブロック・PC版・ALC版 笠木PC・取付け金物
防水工事	各部防水納まり詳細図	室内防水・屋外防水・パラペットなど
金属・板金工事	1. 製作金物工作図 2. 軽量鉄骨下地組詳細図 3. 金属板壁天井割付け詳細図 4. 各部雨押え詳細図	階段・手摺・面格子・化粧金物・ブラインドボックスなど 壁・天井下地 樋・ルーフドレーン
石・擬石工事	1. 割付図 2. 納まりおよび取付け詳細図	床・壁・笠木・水切・縁石・テラゾーブロック・キャストストーンなど
タイル工事	1. 内・外タイル割付図 2. 役物タイル納まり詳細図	エキスパンション目地 既成役物・特注役物
カーテンウォール工事	1. PCカーテンウォール詳細図 2. 金属 〃	ファスナー 〃
金属建具工具	建具・枠詳細図	ステンレス建具・アルミ建具・スチール建具・シャッター
左官工事	1. 特殊納まり部分詳細図 2. 各種目地割付図	階段・笠木・パラペット・ボーダー床・壁など
木工事	1. 木製建具枠・スクリーン詳細図 2. 木造床組・軸組・天井組詳細図 3. 特殊部分詳細図	造作 カーテン・ブラインドボックスなど
内装工事	1. 各所内装工事詳細図 2. 天井伏図 3. 床仕上材割付図	練付けベニヤ・ボード類・幅木・見切縁・スクリーン耐火被覆詳細など 目地割付・器具配置・点検口・回り縁・下り天井 塩ビタイル・ゴムタイル・寄木など
設備工事	1. エレベータ詳細図 2. エスカレータ詳細図 3. シャフト類詳細図 4. スリーブ関係詳細図 5. 配管 〃 6. ダクト 〃 7. 電気室，機械室関係詳細図	

主・設計者と繰り返し協議を重ね、また、担当者は施工図の内容について十分に検討しなくてはならない。そのため、設計図書の理解と、幅広い建築技術・施工技術を持ち合わせた能力を要求される。

（a） 基本納まりの確認

外壁とサッシの関係、石・タイル等の納まり、目地、床、壁、天井、防水等基本的な納まりについて設計者と確認する。

（b） 平面詳細図・展開図の作成

設計図書と基本納まりから各部の平面詳細図・展開図を作成する。この際、できる限りの工事情報を盛り込む。

（c） 軀体図の作成

原則として平面詳細図作成後、その仕上情報と構造図を基本にして作成するコンクリート寸法図である。軀体図は各部分の寸法・形状を平面的・立体的に理解しやすく示すものである。

（d） 仕上関係図

金物工作図等の製作図、タイル・石の割付図、天井伏図、各種目地の割付図、防水納まり図、各部雨仕舞い図、カーテンウォール取付詳細図等の納まり図といった多種多様の施工図があり、これらは専門工事業者が作成することがほとんどであるが、担当者は十分にこれらの内容について検討し、設計者に承認をとる。

参考までに主な施工図リストを**表3・1**に示す。

3.2 調 達

建築工事においては、資材・材料の調達のほかに、材工で下請発注する外注工事の調達がある。いかに安く良いものを揃えるかは、工事の出来やコストに直接影響する要因であるから、特に原価管理のうえで重要な業務である。

(1) 調達業務

（a） 調達計画

担当者は承認された実行予算に基づき調達計画を立てる。

実際の調達にあたっては、発注条件書を複数業者に示し、見積を徴収し、価格折衝を行い、先の発注差額が大きくなるように、努めなくてはならない。

① 発注条件書

発注条件書とは、その工事の契約に際し、契約の内容を明確に示し、互いの責

任区分を認識するために重要な書類である。

発注条件書には，設計の品質仕様・施工数量・納期・工事区分・受入条件・適用規格等を明示する。

（b） 下請調達

下請調達は建築工事においては，経理上労務調達と材工一式調達（外注）に区分されている。労務とは一般に鳶・土工などその技術のみを請け負う職種のことをいい，材工一式とは言葉のとおり，材料や資材とその工事技術を請け負う職種のことをいう。

主職と呼ばれる協力会社やその他の専門工事業者に発注する際，実際に工事をする二次・三次等の業者など，その重層関係を明確にし，極力不要な重層関係を排除する。

3.3 日常管理

3.3.1 品質管理

（1） 建設業の品質管理

一般に品質管理については ISO 9000s の導入により品質システムが構築されてきており，そのシステムに準じて行われるようになりつつある。

この品質システムの最上位に位置付けられるのが「品質マニュアル」であり，その下に具体的な活動を示す実施要領書，標準類，帳票類およびプロジェクト文書類が位置付けられている。

（2） 工程管理（プロセス管理）

建築工事の主要な工種の中で，重点管理項目として定めた工種において計画段階から工事終了まで，所長が指名した担当者は計画に従って施工されることを確認する。この際，重点管理項目に定めた工種については「工程内検査」を実施し，不適合品を識別する。

詳細はプロセス管理実施要領，工程内検査実施要領に準ずる。

（3） 品質管理における試験および検査

品質システムによる「検査・試験」は以下の内容になっている。それぞれの実施要領を確認する。

・調達品の検査（受入検査）
・工程内検査

・工場製品検査
・中間検査，官庁検査，竣工検査

以上を実施要領に基づいて検査・試験を実施する。これらの検査・試験を行うことにより，不適合品を識別し，そのうえで是正処置，予防処置を行う。

上記4項目のうち，下記に「工程内検査」における各工種の検査項目を参考までに列挙する。

検査・試験は監理者の確認を必ず行ってから実施する。

（a） 遣り方
① 遣り方：建物心位置，高低
② 根切り：土質，根切り深さ・幅，平板載荷試験
③ 敷き砂利，割栗石張り：転圧状態，材料
④ 土の埋戻し：土質，埋戻し厚，締固め度

（b） 杭
① 施工業者：施工能力
② 既成杭：規格，径，長さ，肉厚，先端の形状
③ 打込み杭：鉛直度，打込み機の能力，貫入量，継手の溶接，杭頭位置
④ 埋込み杭：掘削液・固定液の調合・使用量，コンクリートの調合，支持地盤の確認，埋込み深さ，杭の鉛直度，継手の溶接，杭頭の位置・高さ（高留まり）
⑤ 場所打ち杭：材料は鉄筋およびコンクリートと同じ，杭径，掘削孔の深さ（支持地盤），掘削孔の形状（超音波検査），安定液・スライム処理，杭頭の位置・高さ

（c） 型　枠
① 材料：せき板の材質，厚さ，基準墨，組立精度，支保工の取付状態，埋込み金物類，スリーブ類
② 型枠除去：存置期間，盛替え時期

（d） 鉄　筋
① 材料：JIS規格品は規格証明書，規格証明書のないものは引張試験
② 組立：鉄筋の規格（種類），径，本数，形状，位置，定着，継手，かぶり，差し筋
③ 圧接：位置，圧接部の形状，引張試験

（e） コンクリート

① 製造所：製造所のJIS規格，現場への運搬時間
② 材料：材料試験証明（セメント，砂利，砂，水，混和材）
③ 調合：調合表，指示により試験練り（スランプ，空気量，比重，練上がりの状態，温度，圧縮強度（7日，28日）
④ 打設：打設状況，スランプ，空気量，温度，圧縮強度（7日，型枠用，28日）
⑤ 養生：養生方法，養生期間
⑥ 精度：コンクリートの硬化後の精度，欠陥，クラック発生の有無

（f）鉄骨
① 製作工場：工場認定のグレード
② 材料：JIS規格品は規格証明書，規格証明書のないものは引張試験
③ 組立：部材寸法，板厚，組立精度（建築学会精度規準），溶接（目視，寸法精度，超音波探傷試験，浸透試験），摩擦面処理
④ 建方：建方精度（建築学会精度規準），接合部の確認（材料の取扱い，溶接の養生）

（g）防水
① 下地：乾燥状態，表面状態
② 材料：種類，搬入量，製造業者名，製造年月日，試験成績表
③ 施工時：防水層の構成，末端部の処理等
④ 完成時：規定数量の消化，目視，水張り試験等

（h）建具
① 材料：使用材料の適否
② 完成品：形状・寸法・仕上げの状態等，納品書
③ 施工：取付状況
④ 完成時：遮音試験

（i）タイル
① 外観検査：不陸・割れ・かけ・汚れ，目地幅・深さ等
② 接着度検査：テストハンマーによる打診検査
③ 接着力試験：引張接着強度の測定

（j）塗装
① 材料：日本工業規格（JIS）または日本建築学会規格に適合するもの
② 完成時：膜厚検査

3.3.2 損益管理
(1) 損益管理の目的と手順

現場における損益管理とは，現場におけるコスト全般の管理である。簡単にいえば，目標純利益を確保すること，つまり利益向上である。

また，現場の損益管理は工程・品質・安全・環境等の諸管理と密接な関係があり，現場損益管理の目的を達成するためには，それらの管理とともに合理的に遂行されることが重要である。

また，手順は図3・2に示すフローによって行われなければならない。

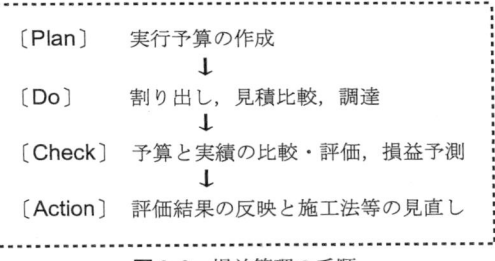

```
〔Plan〕    実行予算の作成
             ↓
〔Do〕      割り出し，見積比較，調達
             ↓
〔Check〕   予算と実績の比較・評価，損益予測
             ↓
〔Action〕  評価結果の反映と施工法等の見直し
```

図3・2　損益管理の手順

(2) 現場の損益管理業務

現場の損益管理業務は，人によりその方法に違いがあるが，「入るを量りて出ずるを制す」の基本的な考え方は変わらない。

(a) 損益管理業務の概念

① 基本概念

そもそも損益管理とは，営業段階，元見積の作成段階までさかのぼるが，ここでの説明は着工後の現場での損益管理に限定する。

損益管理で重要なことは，工事途中で最終損益の予測を立て，より一層の利益向上のためのアクションを起こすために，工事の節目または，定期的に予算の執行状況を把握することである。具体的には，着工後，予算をどれだけ使い，今どれだけ残っていて，今後どれだけ使うか，さらに追加・変更でどれだけ承認されるか等をチェックし，今後の方針を決定する行為である。そのために作成するのが「損益管理表」である（図3・3参照）。

(b) 基本的な管理方法

① 固定的な費用と変動的な費用

発注方法の違いから，あらかじめ予算を「固定的な費用」と「変動的な費用」

図3・3 工事進捗と予算

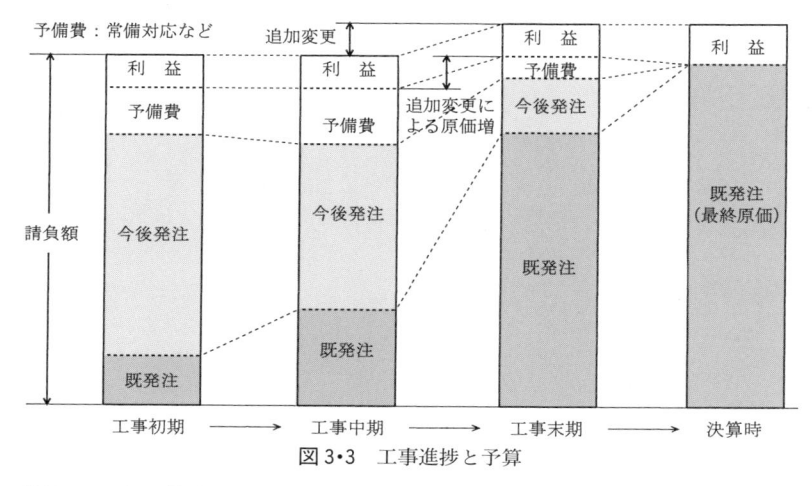

とに分けておくと管理しやすい。

- 固定的な費用：ある協力会社にまとまった量で発注可能なもの。例えば，鉄骨，鉄筋，型枠，サッシ，クロス等，ほとんどの工事科目はこの形で決まる。
- 変動的な費用：工事を進めるにあたって，少しずつ発注が生じるもの（発注と同時に支払いが生じるもの）。例えば，片付け，運搬，小型機械のリース，雑材料・常備的作業等。

② 科目別管理と発注先別管理

現場損益管理は科目別管理と発注先別管理との組合せである。「科目別管理」とは実行予算の科目に対応するものであり，「発注先別管理」とは実行予算の科目を分解・合体させて発注した，協力会社ごとの管理である。つまり，どの科目がどれだけ，どの協力会社に発注されたか，される予定かを管理する。

（3） 出来高管理

外注・資機材を調達し工事を施工すると出来高が発生する。出来高は毎月一定の日を締切日として定め計算する。毎月一定の締切日に当該月の施工量を出来高として計算し，発注者へは報告を，業者とは支払い金額の査定を行う。

　（a） 出来高の種類

① 発注者出来高：契約に対する出来高で，取下げ金の根拠となるものである。締切日，帳票，取下げ時期など発注者や工事によって異なる。

② 会社出来高：工事の月々の進捗率，協力会社への支払い資料，社員生産性

などの社内的な報告に使用する出来高をいう。
　③　下請出来高：下請負契約に基づき協力会社が施工した月々工事量に契約単価を乗じたもの。

　これらの査定の際には実働人員，機械の稼働状況，資材の消費状況などを調査し工事の実際の原価の把握に努める。下請出来高に対する協力会社の原価と比較して，協力会社の経営状況を把握し過払いの防止など適正な出来高の査定を行う。

　（b）　支払い管理

　工事担当者は作成した出来高査定表を基に，外注業者，資機材納入業者などと当該月の出来高数量を打ち合わせ後，請求書の提出を求める。出来高は原則として毎月10日をもって締め切り，工事関係請求書は担当工事係に提出させる。

　担当者はこれらの請求書について項目・数量および未払い金・前渡し金・立替え金の有無を確認する。また，常備の請求に関しては，作業指示書を確認し，担当工事係のサインの有無，実際の出面確認と適正さを査定し，その工事が契約工事であるか否かを確認のうえ，最終的に所長の判断のもと支払いを行う。しかし，常備は工事管理において発生を可能な限り抑制すべきであり，普段の管理業務で常備の排除に努める。

（4）　工事損益の把握・予想

　工事の損益は収入と支出の差額である。収入は，原契約と追加工事に大別され，支出は直接工事費と内部経費等が含まれる。

　実行予算に対する実績原価の差額の累積として計算するのが原則であるが，設計変更業務の遅れなどにより修正実行予算がない場合は，支出の実績金額を実行予算金額として取り扱う。

　工事損益は現在損益と最終損益に大別される。最終損益は最終予想損益と決算損益に区分される。

　（a）　現在損益

　現在損益とは，工事のある時点における純正出来高数量に対する予算額と実績原価の差額である。

　（b）　損益予測

　最終予想損益とは，現在損益に残工事の施工に必要な金額を加えた最終予想原価と実行予算の差額である。各工種・作業の今後の支出金額の予想方法は，以下に大別される。

① 実績原価を基に予測する方法

その工種・作業において作業条件が今後とも変化せず，手直しなどの追加項目の必要も予想されない場合，実績原価（単価）に残数量を乗じて算出する。

② 残工事を再見積りする方法

作業条件の変化，工法・材料などの改良などが見込まれる場合，あるいは追加作業が予想される場合には，残数量に対して新たに見積りする。

損益予想で重要なことは以下のとおりである。

- 残工事数量の把握を正確に行う。
- 残工事数量に対する作業条件・作業方法・材料などを見直す。
- 残工事数量に対する追加の作業項目を洗い出す。
- 残工事数量に対する新たな見積は実績原価を勘案し過不足のないようにする。
- 設計変更項目に対する収入の見込みは厳正に行い，変更契約締結前でも計上しなければならない。

3.3.3　工期管理

工期管理は，施工法，使用機器，協力会社の能力，資材の発注・搬入，安全性の確認など施工全般との関連を総合的に判断して進める必要がある。

（1）　工期管理の実施

工程計画をいかに綿密に立てても，実際の工事の進捗が計画から遊離してしまっては意味がない。工期管理では計画作成とともに計画どおりに工事を進捗するよう運営することが重要である。このためには工事の進捗状況を常に把握して計画と実施のずれを早期に発見し，適切な処置を講ずる。

（a）　作業指示

各工事担当者は，協力会社の職長と綿密な連携のもとに業務を遂行する。現場での作業指示の伝達機構を図示すると，図3・4のようになる。

① 作業指示書の作成

翌日の作業内容および出面，安全注意事項などを前日までに職長が記入，その内容について工事の担当者が確認およびコメントの記入を行い，翌日の作業までに交付する。作業当日は手配の実態を把握し，出来高を確認する。作業終了時には，職長が実施事項を記入したものをチェックする。

② 工程・安全会議の励行

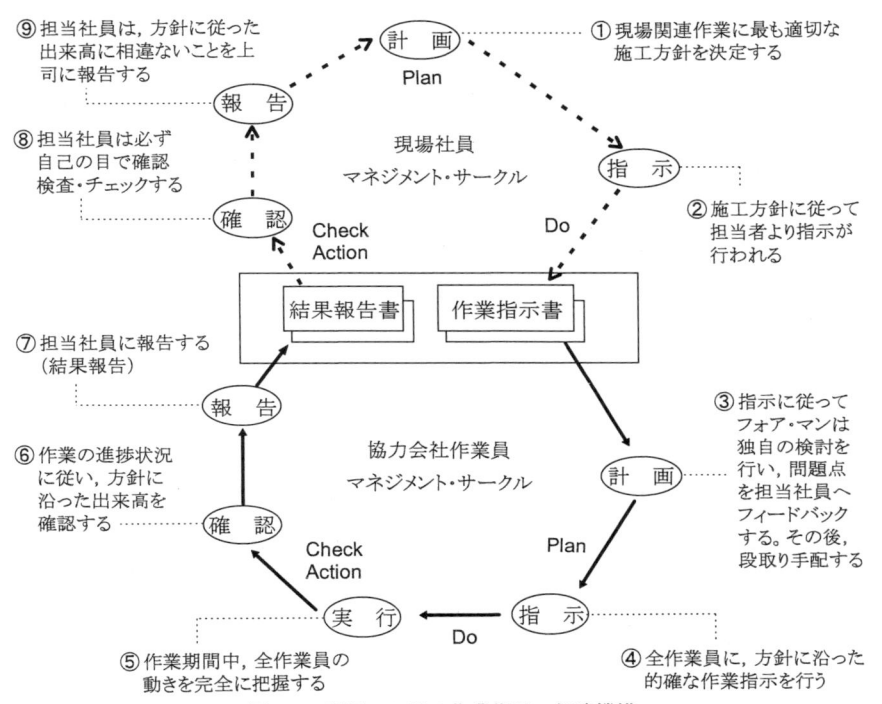

図 3・4 現場における作業指示の伝達機構

現場社員 マネジメント・サークル

- Plan 計画 → ① 現場関連作業に最も適切な施工方針を決定する
- Do 指示 → ② 施工方針に従って担当者より指示が行われる
- 作業指示書
- 結果報告書
- Check Action 確認 → ⑧ 担当社員は必ず自己の目で確認検査・チェックする
- 報告 → ⑨ 担当社員は，方針に従った出来高に相違ないことを上司に報告する

協力会社作業員 マネジメント・サークル

- Plan 計画 → ③ 指示に従ってフォア・マンは独自の検討を行い，問題点を担当社員へフィードバックする。その後，段取り手配する
- Do 指示 → ④ 全作業員に，方針に沿った的確な作業指示を行う
- 実行 → ⑤ 作業期間中，全作業員の動きを完全に把握する
- Check Action 確認 → ⑥ 作業の進捗状況に従い，方針に沿った出来高を確認する
- 報告 → ⑦ 担当社員に報告する（結果報告）

　毎日・定時に社員および職長が全員集合して工程および安全に関する打合せを行う。コピーボード等を活用して会議の議事録は必ず残す。

（b）　月間・週間工程表による管理

　総合工程表に基づいて，実際の工事進捗を管理するために月間工程表を作成し，さらに詳細な工期管理のため週間工程表を用いる。

　月間工程表の一例を**表 3・2**（折込み）に示す。

（c）　工程進捗度チェック

① 　総合工程表との比較により現状での工事進捗度をチェックする。

　総合工程表で設定したマイルストーン[注]が遅れている場合は，その原因を調べ

注）　マイルストーン：建築工事において節目となる工事が開始もしくは完了する時を指す。例えば，鉄骨建方開始（完了）日，各階躯体コンクリート打設日，屋上防水開始（完了）日など。

即座に適切な対策をとる。この場合の対策は工程管理計画の作成の時点まで戻り，資機材・労務の計画等を見直し，修正する。

② 工程遅延時の対処法

総合工程表と現状に差違が発生した場合は以下に挙げるような手順で対応策を講じ，現状での工程を修正しなければならない。対処例を以下に記す。

・施工手順の変更（この際，施工要領書，安全指示書等の変更も同時に行い，確認・周知する）
・作業員の増員
・作業時間の拡大
・資・機材の増強
・製作物の図面作成増強など

③ 3カ月（100日）工程表の作成

現場により違いはあるが，竣工前の工程表の作成を心掛けたい。

竣工3カ月前に3カ月（100日）工程表を作成し，竣工日までの全作業を整理し，詳細に明示することにより，見落としがないように心掛けるとよい。

100日工程表の一例を**表3・3**（折込み）に示す。

(2) 計画と実施の差の評価

工事データを基に，工事が，ある時点で計画と実施との差違を生じた場合に，その原因を究明し，是正処置を行う。最終的な工事の歩掛りデータをまとめ，その後の工事の貴重な資料として残す必要がある。各歩掛りには，人工・数量・コストに関する三つの歩掛りがあり，いずれについてもまとめておく（**付録・2**参照）。

① 人工歩掛りは，1日，1人または1台当りの施工数量で表される作業能率データのことである。外部足場を例にとると足場面積に対する足場架払い作業に要した作業員数（人/m²）がこれに該当する。

② 数量歩掛りは資材の使用量の傾向を示すもので，前項と同様の例で示せば，建築延べ面積に対する足場面積や枠組足場数などである。

③ コスト歩掛りは要した費用に関するもので，足場面積当りの損料や足場ばらしなどの労務費などである。

3.3.4 安全管理
(1) 毎日の安全施工サイクル

毎日行う安全施工サイクルの例を図3・5に示す。

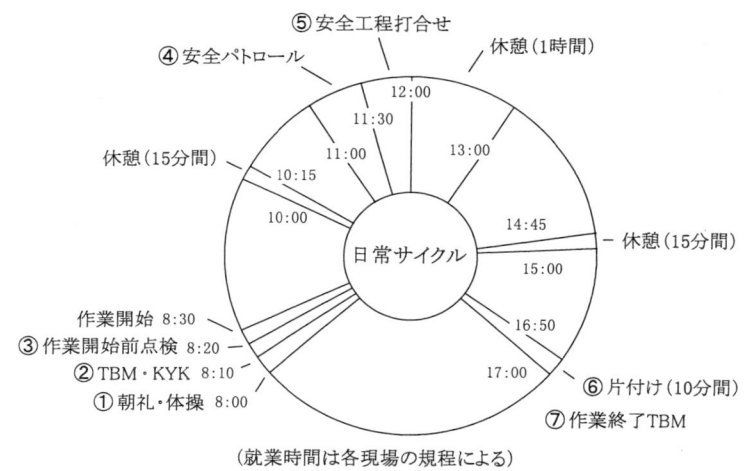

図中の時刻と項目：
- ① 朝礼・体操 8:00
- ② TBM・KYK 8:10
- ③ 作業開始前点検 8:20
- 作業開始 8:30
- 10:00
- 休憩（15分間）10:15
- 11:00
- 11:30
- ④ 安全パトロール
- ⑤ 安全工程打合せ 12:00
- 休憩（1時間）13:00
- 14:45
- 休憩（15分間）15:00
- 16:50
- ⑥ 片付け（10分間）17:00
- ⑦ 作業終了TBM

（就業時間は各現場の規程による）

図3・5 安全施工サイクルの例

(a) 朝礼・体操

毎日の作業開始にあたり、連絡調整のために全体の作業内容の周知と危険場所、立入禁止の徹底を行い、また自分の時間から仕事の時間への心の切替えを行って、一斉作業開始による能率向上を図る。

進行の例を以下に示す。

① 呼掛け（放送、音楽、ハンドマイクなど）
② 体操（ラジオ体操など）
③ 点呼（出欠の確認）
④ 全員挨拶（「おはようございます」）
⑤ 連絡調整と指示伝達（安全担当社員、安全当番などによる司会）
　・協力会社ごとに当日の主な作業および安全注意事項の発表
　・前日の安全パトロール結果の伝達と対策の指示
　・当日の危険作業と立入禁止区域の説明
　・主な搬入資材の説明、交通動線、重機予定、駐車場案内等
　・災害事例等の説明（随時）

- ・各種行事予定の説明（随時）
- ・新人グループの紹介
- ・新規入場作業員の有無確認
⑥　シュプレヒコール（「今日も安全に！」など）
⑦　解散

（b）　TBM（ツール・ボックス・ミーティング）とKYK（危険予知活動）

その日の作業を安全，確実，能率よく行うため作業指示を徹底するとともに安全意識の高揚を図るために，保護具，服装の確認，作業指示の徹底，作業方法および作業手順の徹底，作業員の配置状況の確認，作業間の連絡，調整の徹底などを行い，全員参加の安全推進を図る。

工事担当社員は必ずこの打合せに参加する。内容の例を以下に示す。

①　作業員全員を参加させる。
②　作業内容の伝達（職長）

前日の安全工程会議の結果による作業指示の内容を基に，計画した作業内容を伝達する。

- ・作業に応じて必要な資格をチェックする。
- ・５Ｗ１Ｈ（いつ，どこで，だれが，だれと，なにを，どのように）で簡潔，かつ，明瞭に指示する。

③　他職種との連絡，調整事項などを確認，伝達する。
④　危険予知活動（KYK）の実施

- ・当日の作業と危険箇所の確認
- ・服装，保護具，体調のチェック
- ・当日の作業主任者，指揮者の周知，資格証携帯の確認等

（c）　作業開始前点検

当日の使用資機材の点検を作業開始前に実施し，その安全を確認して，労働災害の未然防止，作業の正常な実施を図る。点検の内容は，次の三つに分類される。

①　人的点検：作業服装・保護具・有資格者・経験・健康状態・年齢・新規入場者教育の有無等
②　物的点検：設備・機械・器具工具・環境・危険・有害物・玉掛けワイヤーの今月使用色の確認
③　管理点検：作業内容，方法の周知，職種間の連絡調整，調整・合図，標

識，警報の周知・届け，報告，認可の確認
（d）作業中の巡視（安全パトロール）
　作業中における作業場所の巡視は，作業を統括している工事事務所長（統括安全衛生責任者）および所長を補佐している者並びに協力会社の職長，安全衛生責任者が1日1回以上行う。巡視にあたっては，作業所内（材料置場などを含む）および作業所周辺の状況を確認する。以下に確認時のポイントを挙げる。
　①　対象
　　・各種作業員の配置と作業状況
　　・設備機械などの保安状況
　　・工事事務所，現場の環境
　　・第三者に対する設備（保安設備などを含む），防災対策の状況
　　・搬入する資材，機械，器材の状況
　　・工事担当者，職長などの作業員に対する監督状況（統括安全衛生責任者）
　②　統括安全衛生責任者のパトロールは一般の点検パトロールとは区別して巡視する。
　③　パトロールの結果は，文書（安全日誌等）に記録，保存する。
　④　パトロールの結果は当日の安全工程打合せにて周知・徹底し是正を行う。
　⑤　パトロール時に不備，不良，異常を発見した場合は，その場で是正させるか，是正が完了するまで作業を中止する。
（e）安全工程打合せ
　作業間の連絡調整を含め，工事の安全，品質，能率の確保を図る。出席者は工事事務所長以下，安全当番，各工事担当社員，各協力会社の現場代理人および現場常駐責任者（職長）等が一般的である。以下に工程打合せの会議内容の一例を挙げる。
　①　安全パトロール結果の報告と是正指示
　②　当日の作業進捗状況による問題点の把握と対策
　③　翌日の作業予定と作業内容の確認
　④　混在作業による職種間の連絡・調整
　⑤　危険・有害作業に対する安全対策の検討
　⑥　搬出入資材に対する配置計画の確認，重機使用予定の確認
　⑦　工事進捗状況の確認（工程確認）
　安全工程打合せの結果は，各協力会社から提出された作業指示書に安全指示事

項・調整事項を加筆し，各協力会社の職長に配布する。職長はそれをもとに翌日の準備に取りかかる。

（f） 作業終了前片付け

作業終了前に，グループ別に持ち場の整理整頓を行い，翌日の作業の準備，良好な作業環境の維持，災害の防止，作業能率の向上を図る（時間は5〜10分程度である）。

（2） 毎週の安全施工サイクル

（a） 週間安全工程打合せ

週間安全工程打合せは，施工計画に基づく月間工程の流れの中で，作業の進捗状況を具体的にとらえ，作業完了部分の反省と次週の計画と方針を明確にし，作業工程の円滑な進捗，混在作業などによる労働災害の防止，能率の向上を図る。開催日時は週1回，曜日と時刻を決定し定例的に行う。

以下に工程打合せの会議内容の一例を挙げる。

① 前日までの経過とその計画
② 進捗状況による各職間の作業調整
③ 当社の工程計画に基づき，各職の週間の工事予定を聞き，調整する。
④ 作業に伴う危険箇所の周知
⑤ 通路，仮設物の設置，段取替えの周知

（b） 週間安全点検

労働災害の未然防止および能率の向上を図るため，法で定められた点検（土留め支保工等）以外に持込み機械や電気工具の点検，場内仮設設備の点検を週1回行う。

以下に点検の一例を挙げる。

　月曜日　機械，電気器具点検日
　火曜日　場内仮設設備の点検
　水曜日　作業方法点検日
　木曜日　服装・安全帯等装備の点検
　金曜日　総合点検日

（c） 一斉清掃

一斉清掃は作業環境の美化だけではなく，作業環境の安全化，所内の規律維持，機器資材管理の向上，不安全行動の減少，作業能率の向上等が図られる。毎週1回曜日を決めて実施しているところも多いが，最近作業終了時清掃の徹底に

より，場内清掃の代わりに近隣清掃を行う事例もある。
（3）　毎月の安全施工サイクル
　（a）　安全衛生委員会（元請社員のみによる委員会）

労働安全衛生法第19条において，直用の労働者が50人以上の場合必要である。従業員数が5人以下の場合は，上位に統括営業所等をもつ作業場であれば，上位の安全衛生委員会をもってこれに代えることができ，上位に統括営業所等をもたない作業場であって従業員数5人以下の場合は災害防止協議会をもってこれに代えることができる。以下に会議内容の例を挙げる。
　① 当月の工事進捗状況の確認と翌月の工程確認
　② 当月の安全目標に対する反省と翌月の安全目標の設定
　③ 翌月の行事予定の確認
　（b）　災害防止協議会（協力会社を交えた委員会）

労働安全衛生法第30条（労働安全衛生規則635条）において，「同一現場内で作業する各職種の混在作業から生ずる諸問題を連絡・調整し，労働災害の未然防止と施工の円滑な推進を図る。」となっている。出席者は統括安全衛生責任者，元方安全衛生責任者，元請社員と当月および翌月施工参画の協力会社の経営担当者，安全衛生責任者等である。

　以下に会議内容の一例を挙げる。
　① 工程説明
　　・作業計画に基づく月間工程の説明
　　・工程に伴う安全上の注意事項の説明
　　・各職種間の連絡・調整事項の確認と調整の実施
　② 安全重点管理項目
　　・元請による当月の安全目標に対する反省と翌月の安全目標の説明
　　・協力会社より当月の安全目標の反省と翌月の作業内容と安全目標の説明
　③ 安全に関する勉強会
　④ 行事予定の確認
　⑤ 現場（元請）への要望事項
　（c）　安全大会

安全意識の高揚を図るため，毎月特定日（1日，15日など），時刻を定め，現場従事者（現場社員，協力会社作業員，協力会社安全担当者など）全員を集め開催する。

以下に安全大会の一例を挙げる。
① 統括安全衛生責任者の挨拶
② 月間工事概要の説明（工程説明）
③ 協力会社現場常駐責任者より当月の作業内容および安全注意事項の説明
④ 安全表彰（優良作業員の表彰）
⑤ 安全講和
⑥ 安全唱和（「今月も無災害でがんばろう！」など）
⑦ 職長会からの周知，伝達
⑧ 参加記念品の配布

（4） その他の安全施工サイクル（随時行うもの）
（a） 職長会活動（協力会社による自主的安全衛生活動）
現場で働く各協力会社のグループリーダー（職長）で構成する自主的な組織であり，その活動目的には以下のものがある。
① 職長相互間のコミュニケーションと連帯感の向上
② 職長としての役割の自覚と意識の向上
③ 安全施工サイクルの中での自主性の確保
④ 全員参加の安全活動の中核的役割の推進

職長会活動は現場を自主的に管理し工事を円滑に遂行するため，この活動を安全施工サイクルの一環として組み込み，現場の安全衛生を確保する有効な手段である。

以下に職長会活動の一例を挙げる。
① 毎日の朝礼・体操の実施（安全当番制）
② 安全当番による安全パトロール
③ フロアマスター制（建物内の担当区分を決めて清掃管理，備品管理をする制度）
④ 職長会による合同安全パトロール（週1回または月1回程度）
⑤ 職長会主催の作業員慰労会，職長間相互の懇親会
⑥ 工程打合せの司会

（b） 協力会社持込み機械の点検
持込み機械による災害の発生を防止するため，現場持込み時に機電担当者は持込み機械の確認を行う。確認する内容は以下のとおりである。
① 持込み機械の使用届が出されているか確認する。

②　機械などが正常な機能を有するか確認する。
③　持込み機械などの持込み時点検結果を確認する。
④　確認後持込み受理証を交付し，現場で識別できるようにする。
（c）　新規入場作業員の受入れ教育

新規入場作業員への受入れ教育は，導入教育であり，通常の雇入れ教育ではないが，協力会社は，事業者の責任として実施する必要がある。元請は，作業所内の規律，その現場特有の環境，作業条件等を補完して，受入れ教育を行い，労働災害の防止を図る。

以下に新規入場受入れ教育時の実施例を挙げる。
①　所定の用紙に必要事項を記入させる。
②　新規入場社員の保有資格，健康状態を確認する。
③　現場で作成した作業員心得等を利用し現場の状況（作業状態，危険箇所の有無，現場環境など）を説明する。この場合，該当する作業のビデオ等を活用すると有効である。
④　新規入場者教育受講証の発行

3.4　中間検査

（1）　中間検査

中間検査は一般的には躯体工事の施工状況を検査することで，構造躯体としての不良部分および仕上工事への阻害要因を摘出し，改善をすることが目的である。

検査は管理部門が行う場合や，施主・設計による検査が行われる場合もある。

また，平成10年6月12日に公布された改正建築基準法では，官庁による中間検査の導入が行われる。

（2）　社内中間検査

中間検査の詳細に関しては，建築，設備ともそれぞれの中間検査実施要領に準拠する。

下記にそのポイントを述べる。

（a）　目的と時期

社内における中間検査の目的は，施工準備委員会・設計図書検討等の結果に基づいた施工管理を行っているか否かを確認し，特に躯体工事の不良部分等の不適

合部分を摘出し，次工程に妨げとならぬように是正処置を行うことである。
　本来は施工準備委員会において必要な時期を決定するが，実際の日程に関しては，工事進捗に応じて決定される。
　なお，設備の検査に関しては，内装工事着手前に天井内・壁仕上内等隠蔽部分について行われる。
　設備の試運転調整は，業務指針「試運転・調整の実施」による。
　（b）　方　法
　工事管理フォローアップシートの確認および施工状況の確認によって行う。
　新たに発生した問題点についてはその処置方法を検討し，フォローアップシートに追記される。

（3）　官庁中間検査
　（a）　中間検査の導入
　中間検査の導入に関する背景としては，先の阪神・淡路大震災において，建築物の安全性の確保の必要性を改めて認識されたことがあり，必要に応じた施工中の検査が実施できるような制度の整備が必要であるとの観点から建築基準法改正に至っている。
　（b）　中間検査の申請
　建築基準法第七条の三の2項に「……当該特定工程に係る工事を終えた時は，その日から四日以内に建築主事に到達するように，国土交通省令で定めるところにより，建築主事の検査を申請しなければならない。……」とある。

（4）　施主・設計中間検査
　（a）　目的と時期
　目的は設計図書または，各打合せどおりに施工されているか否かを確認すること。
　設計監理の立場から特に軀体の品質面を中心に検査が行われる。時期としては社内中間検査後に行われることが多い。
　（b）　方　法
　施主または設計事務所の検査方法に従う。場合によっては社内中間検査に準じて行う場合もある。

第4章　竣工時業務

竣工時における現場運営管理業務の要点を理解していただくため，地下2階・地上8階・延べ床面積8,000 m²程度の建物をモデルとして，標準的な**竣工時業務工程表**（折込み）に基づき説明します。

4.1 竣工検査

引渡し前の検査には，建築基準法・消防法などに基づく官庁検査と工事請負契約に基づいて工事監理者が行う検査，および施主が行う検査がある。いずれの場合も，検査の結果，手直しを必要とする箇所が発見された場合，建物を引き渡す前にこれらの手直しを終わらせることができるような日数の余裕を見込んで検査をしなければならない。

（1）　社内竣工検査

（a）　目　的

当該工事の建築・設備を合わせた総合的な出来栄え・機能などの規定要求事項との適合を検査・確認し，引渡し前に必要な改善があれば，是正，処置を行う。

また，作り込みのプロセスの評価と反省を行い，フォローアップを要する項目の摘出と，水平展開に値する内容あるいは再発防止のための情報等の収集を行う。

（b）　方　法

実施時期としては工事が仕上がり，建築・設備の機能が把握できる時期で，関係官庁，施主および設計事務所などによる竣工検査の前に行うことを原則としている。

検査は，建築・設備を合わせた総合的な出来栄え・機能など規定要求事項との

適合を品質記録・当該建築物により検査・確認する。
（2） 官庁検査
　（a） 目　的
　建物竣工時の検査は，建築基準法に基づく建築主事の検査，消防法その他に基づく検査等を受け，防災機構，避難動線ほか検査の対象となる工事が完了しており，最終的な仕上げ材を確認でき，各種法規および申請書に適合していることの確認を受け，建物の使用許可を得る。これらの検査に合格し，検査済証が発行される。
　（b） 方　法
　詳細は，官庁検査の受審実施要領による。
（3） 施主・設計検査
　（a） 目的と時期
　施主の要求品質と完成建築物との適合性の確認を行う。
　工事が完成し，関係官庁および社内竣工検査が終了した後に，施主の要望する時に行う。
　（b） 方　法
　建物内外を実地検査し手直しの必要な箇所の指摘を受ける。建物・設備の取扱いや保守面からも検査してもらう。

4.2　竣　工

4.2.1　引渡し

　竣工検査に合格すると設計監理者の承認のもと，工事引渡書を施主と竣工取り交わし，引渡しが行われる。一般に建物の所有権はこの引渡しをもって施主に移転するとされており，引渡しが終わるまで，責任をもって建物を管理しなければならない。
　増改築を伴う工事や非常に規模の大きな工事の際には，工事が全部完了しないうちに施主が建物の一部の使用を開始する場合がある。この時，所有権の取扱い方により「部分引渡し」と「部分使用」の二通りの方法がある。部分引渡しの場合は，引き渡された部分の管理義務が自動的に施主側に移る[注]。
　部分使用の場合には覚書を交わして，使用部分の管理責任を明確にしておかなければならない。

(1) 取扱説明

引渡しに際しては施主に対し，日常使用するにあたって必要な建物各部の構造や設備機器の取扱いについて詳細に説明する。また，これらの説明事項を記した資料を提出すると同時に維持管理上必要な事項を取りまとめ，書面で通知する。

(2) 引渡し時の提出書類

建物引渡しと同時に施主に提出すべき書類を**表**4・1に示す。なお，施主により特に必要とされる書類や場合により不必要なものもあるので，事前に打ち合わせておくことが望ましい。

(3) 建物の登記

建物の引渡しが済むと，施主は建物の保存登記申請を行う。この際施工者として準備すべき書類は次のとおりである。

・工事完成引渡し証明書
・請負人の資格証明書
・請負人の印鑑証明書

(4) その他

引渡しと同時に工事保険から施主火災保険に切り替えてもらう。

4.2.2 竣工事務

(1) 竣工時の精算業務

竣工時に工事が完了していても，協力会社への支払いが完了していない場合がある。工事の竣工月が決算月等である場合，協力会社からの未請求が発生しないようにするため，各担当者は当該協力会社に，事前に見積書を請求し，その請求金額を引当未払い金として支店承認後計上する。

(2) 事務所閉鎖前後の業務

　（a）　電話，什器，備品類の転活用

事務所の縮小，人員の減少に伴い，早い時期からこれらの転活用および処分方法を検討しておかなければならない。

広域運営により，上位の営業所・出張所で取りまとめ保管し，転活用できる場合は別として，それ以外は，他の現場へ引き取ってもらえるか，次に着手する工

注)　部分引渡し後はその範囲においては工事保険の対象外になるので施主側の保険の加入等の確認を行う。

表 4・1　竣工引渡し書類一覧

| ①引渡し証書類
・工事完了届（写）
・工事引渡書
・登記事項関係証書
・工事監理報告書
・鍵引渡書
・備品，予備品引渡書
・工事竣工図書引渡書
・その他（敷地境界記録，保証書など）

②諸官庁検査済証類
・建築物検査済証
・昇降機　　〃
・電気工作物使用前検査合格書
・消防用設備
　1.屋内消火栓・連結送水管，
　　スプリンクラー
　2.避難口，誘導灯，非常照明
　3.消火器
　4.火災報知器
　5.その他
・火を使用する設備検査結果通知書
・防火対象物
・電気設備
・ボイラー落成
・圧力容器
・高圧ガス製造施設完成
・諸官庁検査指摘事項一覧
・諸官庁検査指摘事項処置報告書
・その他

③諸官庁許認可書
・確認通知書副本（建築物）
・　〃　〃　　（昇降機）
・消防用設備着工（設置）届
　1.屋内消火栓・連結送水管
　2.避難口，誘導灯，非常照明
　3.消火器
　4.火災報知器
　5.その他 | ・火を使用する設備などの設置届
・防火対象物使用届
・防火管理者選任届
・電気設備設置届
・電気主任技術者選任届
・電気工事計画届
・ボイラー設置届
・ボイラー取扱作業主任者選任報告書
・圧力容器設置許可申請書
・圧力容器取扱主任者届
・危険物設置認可申請書
・高圧ガス製造許可申請書
・高圧ガス作業主任者届
・保安規定届
・排煙設備着工届
・その他

④メンテナンス関係書類
　1.保守管理上の要点
　2.保守管理資料一覧
　　・建物概要
　　・工事担当者および連絡窓口
　　・各種施設の官庁，供給会社連絡先一覧
　　・許認可申請書類一覧*
　　・協力会社一覧
　　・工事竣工図書一覧*
　　・各種施工図書一覧*
　　・仕上表
　　・主要仕上材，設備機器メーカー一覧
　　・主要設備機器完成図一覧*
　　・建築・設備関係取扱説明書一覧
　　・建築・設備関係キーリスト*
　　・備品・予備品一覧*
　3.保守管理の手引

⑤その他
・竣工写真
・工事竣工図
・主要設備機器完成図
・建築・設備関係取扱い説明書 |

注）メンテナンス関係書類のうち＊印のものは，引渡し証書類の内容と重複するものがあるが，施主により，提出または保管先が異なる場合があるため，メンテナンス関係書類としてまとめておいた方が良い。

事へ転用できるか，重要なところである。
　（b）　電力，水道，ガスなどの撤去
　不必要なものは，早い時期から撤去の手続きをとるが，最終的には，未払い金精算をし，引揚げ後の連絡先を明確にしておく。
　（c）　事務所，他建物の解体
　他の工事で転用可能なものは，再使用できるよう丁寧に解体させる。
　（d）　借地，借家の処分
　借地，借家は，契約の段階で合意した内容に基づき処置する。
　通常，原状復帰が原則であるが，事前に借主と協議し，その意向を十分確認することが望ましい。
　また，完全に現場から引揚げを行う前に，転用予定材を仮置きする必要も出てくるので，その用地を確保するため，借主の承認を得ておく必要がある。
　（e）　残務整理
　現場引揚げの際に必要な残務整理は，極力必要最小限に抑える必要がある。
　この時期は，すでに，工事の損益をある程度確定し，残務整理に必要な予算は，必要最小限のもので見積もられ，経費が少ないのが通常であるからである。また，残務整理も引揚げ後の業務を意味するのではなく，工期間近で現場の縮小を始めた時から始まるものと解すべきである。
　①　書類および帳票
　支店で定めた文書保存のルールに基づき，分類し，不必要なものは，早くから処分しておく。
　保管すべき書類等で整理ができたものは，営業所または支店に移管する。
　特に，「建物の保守と管理」の写しやアフターサービスを盛り込んだ「建物台帳」等の品質記録を支店管理部門へ必ず提出する。
　②　関係官公庁への届出
　工事着手時または，施工中に届け出した分について，終了に伴い対応する必要があるものについては届出を行う。
　③　挨　拶
　企業者，関係得意先，諸官公署，近隣へは工事中の援助，協力について，お礼を述べ，またの機会の協力をお願いする。
　④　支店への連絡
　完全に閉鎖した時点で，事務所閉鎖報告書を提出する。

(3) 施工結果報告

　工事が完了し，無事引渡しも終え，決算を済ますと管理部門に報告する。一つの工事で新たに得た情報や技術など，他の工事へ展開できる施工技術等を報告し，また，協力会社評価や安全成績などを報告する。

　工事損益の最終報告は工事損益報告書として報告する。

4.3　アフターサービス

　建物竣工・引渡し時には品質保証の一環としてアフターサービス計画を立案し，その実施結果を品質情報としてフィードバックすることが重要である。

(1)　竣工後点検

　竣工後の点検は，各支店で定める点検実施要領に沿って行う。

　設備工事の場合は，竣工時の逆シーズンにおける空調切替作業を試運転調整業務として実施する。

(2)　メンテナンス

　竣工後のメンテナンスに関しては，竣工書類の「建物の保守と管理」などにおいて，客先に建物の維持管理方法を明確にすることが重要である。特に建物の性質や機能上特殊な場合はその点について必ず明記する。また，引渡し時には十分な説明を行い，後のクレーム等につながらないよう，客先に納得してもらうことも重要な竣工業務である。

(3)　瑕　疵

　瑕疵とは「物の使用価値または交換価値を減少させる欠陥を有すること，あるいは保証された性質を有していないこと」をいう。すなわち，瑕疵担保責任とは前述の品質保証における修理・補修および損害賠償に関する法的義務づけである。

(a)　瑕疵担保責任の成立条件

　工事請負の場合の瑕疵は工事目的物が発注者の提示した図面・仕様書に適合していないということであり，瑕疵の原因は材料の不適合と工事施工の不適合によるものがある。これは請負者の故意・過失・無過失にかかわらず，責任として成立する。

　さらに，設計上の誤りについても，請負者がその誤りについて知りながら発注者にそのことを知らせなかった場合および使用上の保守・管理に対して必要な注

意・アドバイスを怠った場合も責任として成立する。
　（b）　瑕疵担保責任の発生時期と瑕疵担保期間
　公共工事標準請負契約約款，民間連合協定工事請負契約約款には，次のように期間が示されている。
　　・木造等の建物……………………………………… 1年
　　・石造・金属造・コンクリート造の建物………… 2年
　ただし，瑕疵が請負者の故意または重大な過失によって生じた場合は，1年を5年，2年を10年とする。
　（c）　完成工事補修工事とその取扱い
　完成工事補修工事は当社が施工した工事で，施主からの苦情のうち請負契約書に記載された期間内のいわゆる瑕疵および会社側の自主点検等により発見した不具合箇所の補修工事を対象とする。また，上記によらず営業対策上重要なものについても適応できる。

付　録

付録・1　工種別施工計画書の例
付録・2　工事別歩掛り参考データ

付録・1 工種別施工計画書の例

コンクリート工事施工計画書		工事名					
		所在地					
		TEL　（　　）					

対象職種および決定業者名	生コン工場		捺印欄			作成	．．．
	コンクリート打設工					修正	．．．
	コンクリート圧送工					修正	．．．
	左官工						

施工品質目標	

1. 設計仕様

	項目　　打設部位	基礎	躯体 F〜F				備考
コンクリートの仕様	コンクリートの種類	普通	普通・軽量 種				
	設計基準強度 F_c(N/mm^2)						
	耐久設計基準強度 F_d(〃)						
	品質基準強度　　F_q(〃)						
	所要スランプ(cm)						
	所要空気量(%)						
	気乾単位容積質量						
	単位水量の最大値(kg/m^3)						
	単位セメント量の最小値(kg/m^3)						
	水セメント比の最大値(%)						
使用材料	セメント	普通ポルト・ランドセメント	普通ポルト・ランドセメント				
	細骨材						塩分規定有・無 %以下
	粗骨材　種類						
	最大寸法						
	表面活性剤						
	その他の混和材料						

2. 受入基準

分　類	検査・管理項目	技　術　標　準	設　定　値	参考資料
荷卸し時の検査	スランプ	8cm以上18cm以下±2.5cm, 18cmをこえる場合±1.5cm		JISA 5308
	空気量	普通コンクリート±1.5%, 軽量コンクリート±1.5%		〃
	コンクリート温度	暑中コンクリート35℃以下、寒中コンクリート約10℃以上、約20℃未満		JASS 5
	単位容積質量	軽量コンクリートのWw±3.5%(Ww:フレッシュコンクリートの単位容積質量)		〃
	圧縮強度	1回の試験結果　$\chi i \geq 0.85$ FN 3　〃　$\overline{\chi i} \geq$ FN FN:指定した呼び強度		JISA 5308
型枠脱型後の検査	コンクリートの豆板量	30cm角に直径及び深さが10mm程度の穴4個以下		
	コンクリート部材の位置及び断面寸法	表a参照		JASS 5
コンクリートの仕上りの平坦さの検査	平坦さ（凸凹の差）	表b参照		JASS 5

表a　コンクリート部材の位置及び断面寸法の許容差の標準値

項　目		許容差 (mm) 計画供用期間の級	
		一般・標準	長期
位置	設計図に示された位置に対する各部材の位置	±20	±20
断面寸法	柱・梁・壁の断面寸法	－5 ±20	－5 ＋15
	床スラブ・屋根スラブの厚さ		0 ＋20
	基礎の断面寸法	－10 ＋50	－5 ＋10

表b　コンクリート仕上りの平坦さの標準値

コンクリートの内外装仕上げ	平坦さ(凹凸の差)(mm)	参　考	
		柱・壁の場合	床の場合
仕上げ厚さが7mm以上の場合,または下地の影響をあまり受けない場合	1mにつき 10以下	塗壁 胴縁下地	塗床 二重床
仕上げ厚さが7mm未満の場合,その他かなり良好な平坦さが必要な場合	3mにつき 10以下	直吹付け タイル圧着	タイル直張り じゅうたん張り 直防水
コンクリートが見えがかりとなる場合,または仕上げ厚さがきわめて薄い場合,その他良好な表面状態が必要な場合	3mにつき 7以下	打放しコンクリート 直塗装 布直張り	樹脂塗装 耐摩耗床 金ごて仕上げ床

3．施工法の要点

制約条件	作業時間	: ～ :		
	交通規制			
	運搬車輌・通行時間帯制限等			
	近隣・立地			
足場・支保工計画	内外足場（有無・種類）	外部足場： / 内部足場：		
	支保工			
調合計画	温度補正	（要・否）		
	試し練り	（要・否）		
	呼び強度	別途指示		
打設計画	打設機械	種類：ポンプ車・ブーム車・バケット・その他（　　）　機種： 台数：		
	打設区画・打設量	打設区画：施工計画図による 1日の打設量：　　m³　日・台以下 打設の中断：昼食休憩等　　分以内		
	打設方法	打設速度：　　m³/h・台以下 特殊な投入方法(トレミー管等の使用)の有無：　　（有り・無し）内容： 階高4mをこえる場合壁打設口の有無：　　（有り・無し） 打設位置の水平間隔：@　m以下 仮設照明の概要：		
	締固め方法	棒型振動機 機種：　　　　　　　　　　　台数：　　台/ポンプ車1台 　　　　　　機種：　　　　　　　　　　　台数：　　台/ポンプ車1台		
	圧送方法	配管計画：施工計画図による　最長水平圧送距離 Lh=　m　最高垂直圧送距離 Lv=　m 輸送管径：　　管の種類：　　管の肉厚：		
	人員配置	ポンプ車1台あたりの所要人員（　　m³　日以上打設の場合） 担当｜コンクリートポンプ係｜ホース筒先｜フォアマン｜段取りしりぐわ｜振動機 棒型｜つつき｜たたき｜均し(左官別)｜交通整理伝票 人数		
養生計画	湿潤養生	散水養生・その他（　　　　　）		
	保水養生	（有り・無し）		
	保温養生	（有り・無し）		
	防風養生	（有り・無し）		

4．関連工種取合上の特記

工種	チェックポイント	内　　　容
型枠工事	・特殊な型枠の有無 ・開口下端型枠 ・型枠掃除口 ・型枠存置期間 ・階段面型枠 ・打止め型枠 ・破損しやすい先付物	（有・無） W＜　　　開口下端に確認用穴あり，W≧　　　コンクリート投入口設置
鉄筋工事	・キャンティレバー梁・スラブ筋の精度確保 ・スペーサー（種類・ピッチ） ・水平・垂直分離方式の採否 ・特殊定着方法 ・鉄筋輻輳部の有無 ・外壁の配筋	
鉄骨工事	・SRC造の梁下端の納り ・鉄骨建入精度 ・打設しにくい箇所の有無 ・アンカーボルトの固定方法 ・デッキプレートのたわみ防止 ・コンクリート充填鋼管柱 ・空気抜	
外壁仕上工事	・打込みタイル，オムニヤ板，PC板，GRC板等の先付有無 ・断熱材の打込有無 ・特に面精度を要求される仕上	
その他	・地下躯体の打継処理 ・塗床材の有無・仕様 ・見え掛り部の打放し壁・独立柱の有無	

5．見本提出・試験・実験の内容

項　　目	内　　　容

6. 工事範囲

フロー	項目	含	除外	内容
計画	調合表の作成			
	試し練り			
	施工要領書の作成			運搬・圧送・打設・床均しの各計画, QC工程図・作業標準を含む
準備	コンクリート打設用足場架払し			
	配管用架台架払し			
	配管用足場設置又は補強			
	通路横断配管の養生			
	飛散防止養生			シート・ネット・その他（　　　）
	ポンプ車設置地盤の整備			
	ポンプ車まわりの養生			
	打設工具の準備			振動機（　　）・スコップ・つき棒・木づち・その他（　　）
	筒先の養生用工具の準備			当て板・その他（　　）
	ポンプ車の準備			ポンプ車故障時の代替車確保・保障
	道路使用の届出	—	—	
	圧縮強度試験体の現場養生用設備			現場水中養生・現場封かん養生
	打継部の処理			ケレン・清掃
	型枠内清掃			
	型枠根巻きモルタル			
	打設前及び打設中の型枠水湿し			
	生コン車の誘導・整理			
	洗車設備の維持・管理	—	—	
打設	荷卸し時の検査			検査記録の提出
	打込み直前の検査			コンクリート採取・検査記録の提出
	流出コンクリートの処理			型枠バレ・コボレ
	型枠・鉄筋・設備配管等の保全			
	コンクリート天端均し			
	天候異変に対する養生			
	打設により汚した面の清掃			鉄筋・型枠・仕上面
打設後	作業終了後の片付清掃			
	余剰コンクリートの処理			生コン車内・ポンプ車・配管内・その他
養生	散水養生			
	シート養生			
検査	型枠解体後の自主検査			検査記録の提出（豆板・空洞・コールドジョイント並びに部材の位置・断面寸法）
	仕上がりの平坦さの自主検査			〃
	コンクリートの不良箇所の補修			豆板・空洞・コールドジョイント・仕上がりの平坦さの不良
その他	後打ちコンクリート			荷上げ開口, 二重ピット, 墨出し穴, 各種ダメ穴

付　録　103

7. 自主管理要望事項

フロー	項　目		技　術　標　準	設　定　値	該当	参考資料
生コンの製造	骨材の管理		JISA 5308-1996付属書1の規定に適合するもの			JISA 5308-1996 付属書1
	生コンクリートの製造管理		工技院レデーミクストコンクリートJIS工場審査事項に適合すること			
運搬	生コンクリートの運搬時間 [練り混ぜ開始から打込み終了までの時間の限度]		表c参照			
	輸送管の管理		性状:ひび割れ・穴・へこみ・損傷がないこと。 よく清掃されていること。 摩耗の少ないこと。			
打設	1時間あたり打設量		$30m^3/h$以下			
	先送りモルタルの処理		外壁には投入しない			
	打設位置の水平間隔		@ 3m以内			
	コンクリートの投入方法		外壁壁型枠に直接コンクリートをあてない			
	打継時間間隔		表d参照			
	打設の中断		休憩等で計画的に中断する場合 1時間以内			
	締固め作業	棒型振動機	台数:指定台数の使用 挿入間隔:60cm以内 挿入時間:1箇所あたり7〜10秒			
	コンクリート天端均し		平坦に均すこと,コンクリートの過不足のないこと			
	豆板量の管理		$U \leq 0.16$　$U = \dfrac{点　数}{壁面積(m^2)}$			

表c　生コンクリートの運搬時間

	外気温25℃未満	外気温25℃以上	参考資料
暑中con	外気温にかかわらず90分以内		
高流動化con 高強度con	外気温にかかわらず120分以内		JASS 5
流動化con	30分以内	20分以内	〃
上記以外のcon	120分以内	90分以内	〃

表d　打継時間間隔

	外気温25℃未満	外気温25℃以上	参考資料
流動化con	60分以内	40分以内	JASS 5
上記以外のcon	150分以内	120分以内	

8．準拠図書

工事下請負基本契約書・労働安全衛生基本契約書・注文書
見積要項(一般事項)数量表
設計図・仕様書・施工計画図・施工図
JASS 5

9．要提出書類

施　工　前	施　工　中	施　工　後
調合報告書	各種チェックシート	自主検査記録
骨材試験成績表	管理図	工程写真
施工要領書	自主検査記録	
有資格者名簿		
各種安全関係書類		
作業員名簿		
持込機器使用許可申請書		
機器点検チェックリスト		

10. その他の特記事項

□遵守事項
(C) ・VE, CRについての提案
　　・歩掛りデータの収集とまとめ
　　・下請協力業者への支払い遅延防止

(D) ・基本工程の厳守
　　・安全・工程打合会(毎日)の参画

(S) ・作業所規定の遵守
　　・安全パトロールの実施
　　・TBM(ツールボックス・ミーティング)KYK(危険予知活動)の実施
　　・一斉清掃(毎週)の実施

付録・2 工事別歩掛り参考データ

工事種別	作業名	仕様・規格	単位	歩掛り
仮設工事	枠組み足場架設 〃 枠組み足場解体 〃	$w=900\,mm$ $w=1,200\,mm$ $w=900\,mm$ $w=1,200\,mm$	$m^2/人・日$ 〃 $m^2/人・日$ 〃	$45\sim50\,m^2$ $40\sim45\,m^2$ $75\sim90\,m^2$ $70\sim80\,m^2$
	タワークレーン組立 〃 解体 〃 組立 〃 解体 人荷ELV組立	型式 JCC-400 クラス 型式 JCC-100 クラス ロングスパンエレベータ	日/組(4人)日 〃 〃 〃 日/組(4人)日	$6.0\sim7.0$日 $5.0\sim6.5$日 $3.5\sim5.0$日 $3.0\sim4.0$日 $2.0\sim4.0$日
杭工事	場所打ちコンクリート杭 アースドリル杭打設 リバース杭打設 ベノト杭打設 PHC杭	 φ1,000 φ1,000 機械搬入・組立・搬出 φ1,000 打込み	 m/組(4人)日・台 m/組(4人)日・台 日/4人・日・台 m/4人・日・台 m/日・台	 $30\sim45\,m$ $30\sim40\,m$ $4\sim5$日 $20\sim35\,m$ $160\sim190$
山留め工事	親杭・構台杭打設 SMW	バイブロ 打込み φ550〜600	m/組・日 〃 $m^2/組・日$	$200\sim300\,m$ $125\sim200\,m$ $80\sim140$ (N値: 壁深度により変動)
根切り工事	1段根切り:0〜5m 2段根切り:5〜10m 3段根切り:10〜20m 4段根切り:20〜30m	機械掘りバケット 0.6m^3 (ただし,ダンプの運行可能 台数による) 機械掘りクラムシェル 0.6m^3 〃 〃	$m^3/台・日$ $m^3/台・日$ $m^3/台・日$ $m^3/台・日$	$250\sim300\,m^3$ $170\sim190\,m^3$ $130\sim150\,m^3$ $100\sim120\,m^3$
メーソンリー工事	外壁成形セメント板張り	$W=600\quad t=60$	$m^2/人・日$	$5\sim16\,m^2$
タイル工事	壁タイル張り	モザイクタイル 二丁掛改良圧着張り	$m^2/人・日$ 〃	$4\sim8\,m^2$ $4\sim8\,m^2$
塗装工事	壁マスチック仕上げ 吹付けタイル AEP塗り		$m^2/人・日$ $m^2/人・日$ $m^2/人・日$	$26\sim53\,m^2$ $22\sim44\,m^2$ $18\sim25\,m^2$

工事種別	作業名	仕様・規格	単位	歩掛り
型枠工事	独立基礎		m²/人・日	10～12 m²
	地中梁		〃	12～14 m²
	地中壁片面		〃	6～8 m²
	柱	階高 3.5 m 程度	〃	7～10 m²
		階高 4.5 m 程度	〃	6～9 m²
	内壁	階高 3.5 m 程度	〃	9～12 m²
		階高 4.5 m 程度	〃	7～11 m²
	大梁	RC 造	〃	6～10 m²
		SRC 造	〃	5～8 m²
	小梁	RC 造	〃	6～10 m²
	スラブ	階高 3.5 m 程度	〃	12～16 m²
	階段		〃	3～6 m²
	庇・パラペット		〃	5～10 m²
鉄筋工事	独立基礎		t/人・日	0.5～0.7 t
	布基礎		〃	0.5～0.7 t
	耐圧盤		〃	0.7～1.0 t
	地中梁		〃	0.6～0.9 t
	土間		〃	0.6～0.8 t
	柱	RC 造	〃	0.5～0.8 t
		SRC 造（スパイラルワープ）	〃	0.5～0.8 t
	壁		〃	0.3～0.75 t
	大梁	RC 造	〃	0.4～0.8 t
		SRC 造	〃	0.4～0.7 t
	小梁	RC 造	〃	0.4～0.7 t
		SRC 造	〃	0.3～0.6 t
	スラブ		〃	0.4～0.8 t
	階段		〃	0.2～0.5 t
	庇		〃	0.2～0.6 t
	ガス圧接	D19＋19	カ所/組・日	140～180カ所
		D22＋22	〃	120～160カ所
		D25＋25	〃	100～150カ所
鉄骨工事	鉄骨建方	トラッククレーン	p/日・組・台	30～35 p
			t/日・組・台	25～30 t
		タワークレーン	p/日・組・台	40～45 p
			t/日・組・台	35～40 t
	特殊高力ボルト本締	トルシア型	本/組・日	240～430本
	デッキプレート敷込み	アークスポット溶接	m²/組・日	65～100 m²

MEMO

MEMO

編集顧問:内藤龍夫(建築コンサルタント)

建築施工の要点
現場運営管理

2002年9月30日　発行Ⓒ

| 編　者 | 建築技術研究会 |
| 発行者 | 新　井　欣　弥 |

発行所　107-8345東京都港区赤坂六丁目5番13号　鹿島出版会
Tel 03(5561)2550　振替 00160-2-180883
無断転載を禁じます。

落丁・乱丁本はお取替えいたします。　　創栄図書印刷・牧製本
ISBN4-306-03312-0　C3352　　　　　　Printed in Japan

本書の内容に関するご意見・ご感想は下記までお寄せください。
URL: http://www.kajima-publishing.co.jp
E-mail: info@kajima-publishing.co.jp